Sprachwelt Deutsch

Werkbuch

Vorwort

Liebe Schülerin, lieber Schüler

Dieses Buch ist eine Art Werkzeugkiste: Es bietet dir die sprachlichen Werkzeuge, die du brauchst, um mit Sprache etwas anzustellen. Beim Schreiben der Anleitungen zu den verschiedenen Sprachtätigkeiten haben wir diese Vorschläge oft auch mit einem Kochbuch verglichen: Sie sind eine Art Rezepte, die du beim täglichen Umgang mit der deutschen Sprache brauchen und nach deinem Gusto abändern kannst.

Das Werkbuch macht dich zunehmend unabhängig. Am Anfang brauchst du vielleicht noch die Lehrkraft, die dir die Werkzeuge und ihre Handhabung erklärt. Mit der Zeit weisst du selber, welches du in welcher Situation brauchst. Du hast dazugelernt, handelst nun unabhängig, wirst selbstständig. Und schon bald schaffst du dir vielleicht eigene Sprachwerkzeuge, die deinen Stil ganz unverwechselbar machen.

In der Regel findest du auf den linken Seiten eine Anleitung dazu, wie du etwas anpacken kannst, das Rezept quasi. Auf der rechten Seite sind meist Beispiele abgedruckt, die dir eine Idee davon geben, wie das links Beschriebene konkret aussehen könnte. Selbstverständlich wirst du die Anleitungen aber auf ganz andere Themen anwenden wollen, sodass du dann nur noch mit den «Rezepten» arbeitest und die Sprachwerkzeuge mit der Zeit souverän selbst heraussuchen und einsetzen wirst.

Das Inhaltsverzeichnis gibt dir einen groben Überblick über die sprachlichen Fertigkeiten, die du mit Hilfe dieses Buches weiter entwickeln und verbessern kannst. Wenn dir diese Übersicht aber nicht Auskunft gibt, wo du ein bestimmtes Thema oder Rezept finden kannst, dann benutz das Stichwortregister am Ende des Buches; da findest du all die Begriffe alphabetisch aufgelistet, die dir im Deutschunterricht immer wieder begegnen.

Nun wünschen wir dir viel Erfolg beim Erlernen, Ausprobieren oder Perfektionieren neuer oder bekannter Techniken und Fertigkeiten. Schlag immer wieder in diesem Buch nach, wenn du dich nicht mehr genau erinnerst, wie etwas angepackt werden könnte. Du wirst sehen: Du kannst viel mehr, als du vielleicht denkst!

Beatrice Breitenmoser, Judith Stadler, Andreas Baumann,
Therese Grossmann, Fritz Künzler

Inhaltsverzeichnis

■ Sprechen und Hören

Vortragen	4
Gespräche zu zweit	14
Gespräche in Gruppen	28
Kommunikation beobachten	34
Zuhören	38

■ Lesen und Verarbeiten

Effizient lesen	44
Texte lesen	45
Textstellen markieren	56
Randnotizen machen	58
Texte zusammenfassen	60
Texte visualisieren	64
Informationen beschaffen	76

■ Schreiben

Schreiben vorbereiten	86
Texte schreiben	98
Die Sätze	118
Die Wörter	122
Hilfen	130

■ Grammatik und Rechtschreibung

Proben	136
Sätze	142
Wörter	158
Techniken	166

■ Nachschlageteil

Mustertexte	176
Grammatik	192
Rechtschreibung	210
Stichwort-Register	222
Quellenverzeichnis	227

Sprechen und Hören

Vortragen

Gestaltendes Vorlesen

Du kommst ab und zu in die Situation, dass du einen Text oder Teile davon anderen vorlesen musst. Das können ganze Texte zur Unterhaltung/Information oder z.B. einzelne Zitate in einem Referat sein. Gestalte dein Vorlesen so, dass die Information verständlich und das Zuhören angenehm ist.

Vorbereitung
- Setze dir ein Vorleseziel.
  Verlange dazu Kriterien von deiner Lehrperson oder stelle selber welche zusammen.
- Lies den ganzen Text leise oder halblaut durch.
- Zeichne mit Bleistift die Stellen an, wo du
  – ein Wort oder einen Satz nicht verstanden hast.
  – bei der Aussprache oder Betonung unsicher bist.
- Kläre diese Stellen. → S. 76
- Vergewissere dich, dass du den Zusammenhang des ganzen Textes verstanden hast.

- Lies den Text nochmals halblaut durch.
- Zeichne – je nach Vorleseziel – Folgendes ein:
  – Pausenstriche an Stellen, wo du Luft holen musst.
  – Satzakzente, evtl. auch einzelne Wortakzente.
  – Betonungszeichen.
  Markiere Stellen, wo du beim Lesen Mühe hast, also z.B. langsamer wirst.
- Übe schwierige Stellen separat.

- Lies den ganzen Text oder Teile davon so oft durch, bis du dein Ziel erreicht hast.
  – Lasse dann dein Vorlesen von jemandem/von einer Gruppe beurteilen. Bestimme allenfalls, wer auf was speziell achten soll. Lass dir Rückmeldungen zu den Kriterien deines Ziels geben. → S. 34–37
  – Falls du alleine bist: Kontrolliere dich durch eine Tonbandaufnahme.

Durchführung
Nachdem du den Text auf Grund der Rückmeldungen nochmals geübt hast:
- Lies ihn vor. Schaue dabei ab und zu ins Publikum.

Auswertung → S. 34–37
- Beurteile dich selber.
- Fertige Notizen zu den Rückmeldungen an. Frage bei Unklarheiten nach.
- Überlege dir,
  – welche Kriterien deiner Zielsetzung du schon erreicht hast.
  – woran du noch arbeiten musst.

Sprechen und Hören

Vorbereitung
Rückmeldung letztes Vorlesen

Gestaltung

abwechslungsreiche Stimmmelodie	☐ ☐ ☐ ☒ ☐	eintönige Stimmmelodie
variiert Lautstärke	☐ ☐ ☐ ☒ ☐	variiert Lautstärke nicht
setzt Pausen richtig nach Sinneinheiten	☐ ☐ ☒ ☐ ☐	setzt Pausen falsch

Ziele: abwechslungsreiche *Stimmmelodie*, variierte *Lautstärke*, sinnvolle *Pausen* = Kriterien

*Sagt man kompl**e**tt oder k**o**mplett?*

Unsicherheiten beim Wortakzent abklären:
Pausen einzeichnen: **/**

*«Das kommt nicht in Frage», sagte die Badewanne, **/** zog ihre Dusche hervor, **/** spritzte den Kellner von oben bis unten voll und liess sie so lange laufen, **/** bis der ganze Tea-Room **<u>komplett</u>** unter Wasser war und die Tische und Stühle im Wasser herumschwammen. **/***
*Dann gingen die Hausapotheke und die Badewanne nach Hause, und beide fanden, **/** so einen schönen Nachmittag hätten sie schon lange nicht mehr gehabt.*

<u>Satzakzente</u> einzeichnen
Betonungszeichen setzen
→ bleibt gleich
↑ geht hinauf
↓ geht hinunter

*«S**o**», →, sagte sie zufr**ie**den →, «und j**e**tzt gehen wir nach H**au**se.» ↓*
*Da kam der K**e**llner mit der Rechnung für zwei T**ee** und 25 **A**pfelkuchen, ↓ aber weder die H**au**sapotheke noch die B**a**dewanne hatten Geld. ↓*

Stegreif-Vortrag

Ein Stegreif-Vortrag ist ein mündlicher Bericht nach kurzer Vorbereitungszeit.
Er besteht aus einer Einleitung, einem Hauptteil und einem Schluss.
Du beschaffst dir dafür keine Zusatzinformationen.

Vorbereitung
- Notiere spontan, was dir zum Vortragsthema einfällt.
- Überlege dir, was du davon der Klasse erzählen möchtest.
- Markiere mit verschiedenen Farbstiften, was du in der Einleitung, im Hauptteil und im Schlussteil sagen willst.
    - Teile die wichtigen Punkte dem Hauptteil zu.

- Überlege dir eine geeignete Einleitung:
    - eine Begrüssung der Anwesenden und
    - ein paar Sätze zur Einführung ins Thema:
      eine spannende Frage oder
      ein persönliches Erlebnis oder
      ein Zitat …
    Ziel ist es, das Interesse der Zuhörerschaft zu wecken.

- Überlege dir einen geeigneten Schluss:
    - Beantworte die in der Einleitung gestellte Frage oder
      verwende ein passendes Zitat oder
      formuliere, was dir am Thema am wichtigsten ist.
    Ziel ist es, den Vortrag abzurunden.

Durchführung
- Versuche innerlich ruhig zu bleiben:
    - Stelle dich gerade und möglichst natürlich auf beiden Beinen hin.
    - Atme ruhig.
- Trage möglichst frei vor.
    - Nimm gleich am Anfang mit der Klasse Blickkontakt auf.
    Wenn du den Faden verlierst:
    - Benütze deine Notizen als Gedankenstütze.
    - Lasse dich durch Einfälle lenken.
- Setze spontan Wandtafel und Hellraumprojektor ein.
- Achte auf deine Sprache:
    - Sprich laut, langsam und deutlich.
- Unterstreiche das Vorgetragene durch Gestik und Mimik.

Auswertung
- Frage deine Mitschülerinnen/Mitschüler, was ihnen gefallen hat.
- Überlege dir, was du das nächste Mal besser machen kannst.

Sprechen und Hören

Vorbereitung
Cluster: Thema: Meine letzten Ferien

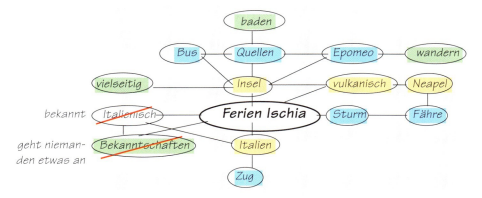

Einleitung
Hintergrundinformationen Ischia

Hauptteil
Hinreise
Erlebnisse

Schlussteil
Warum ich Ischia als Ferienort empfehlen kann.

Einleitung

Die Ferien sind leider vorbei. Doch vielleicht gelingt es mir, euch nochmals ein bisschen in Ferienstimmung zu versetzen, wenn ich euch von Ischia berichte. Ischia ist eine Insel, ...

Schluss

Mir hat es in Ischia sehr gut gefallen. Ich kann diese Insel als Ferienort empfehlen: Ihr könnt dort im Meer baden. Es ist noch sehr sauber. Lara, du könntest dort wandern und biken ...

Referat

Mit einem Referat informierst du mündlich über ein Sachgebiet. Du bereitest dich dafür gründlich vor und beschaffst dir Informationen.

Überblick: Aufbau
Einleitung (ca. 10% des Referats)
- Begrüsse die Anwesenden.
- Führe sie in dein Thema ein.
- Wecke das Interesse bei deinem Publikum, z.B. durch eine spannende Frage, ein persönliches Erlebnis, ein Zitat, ein Bild, ein Tondokument.

Hauptteil (ca. 70% des Referats)
Baue ihn übersichtlich auf.
- Werde dir zunächst der wesentlichen Punkte bewusst.
- Ergänze dann die Hauptinformationen durch interessante Details, persönliche Erlebnisse, Scherze, Randbemerkungen.
- Überlege dir Überleitungen von einem Abschnitt zum anderen.

Schluss (ca. 20% des Referats)
- Formuliere deine eigene Meinung.
- Fasse die wesentlichen Erkenntnisse zusammen.
  Stelle sie in einen grösseren Zusammenhang.
- Runde das Referat ab:
  Schlage einen Bogen zur Einleitung des Referats. Beantworte die am Anfang gestellte Frage oder stelle ein passendes Zitat an den Schluss.

Vorbereitung
Planung
Folgende Stellen im WB helfen dir bei der Vorbereitung:
- Materialsuche → S. 76–85
- Informationen auswählen → S. 52
- Bearbeiten des Materials → S. 45–51, → S. 60–63, → S. 64–75

Kläre ab, bevor du mit der Ausarbeitung des Referats beginnst:
- Wie lautet die Aufgabe?
- Was weisst du schon über dieses Thema?
- Was kannst du bei den Mitschülerinnen/Mitschülern an Vorwissen über dein Thema voraussetzen?
- Von welchen Rahmenbedingungen kannst du ausgehen?
- Wo beschaffst du dir das Material und die Hilfsmittel?
- Wie soll der Zeitplan aussehen?

Setze dir ein Vortragsziel.
- Verlange dazu Kriterien von deiner Lehrperson oder stelle selber welche zusammen.

Sprechen und Hören

Vorbereitung: *Planung*
Mindmap: Was weiss ich schon?

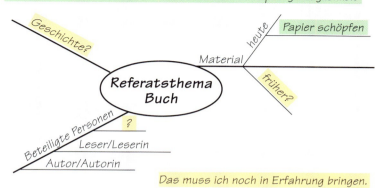

Überlegungen zu den Rahmenbedingungen

Welche **Hilfsmittel** brauche ich am 15. Februar?

Wie lange soll das Referat dauern?

Wo bekomme ich das notwendige **Material?**

Material- und Hilfsmitteltabelle

Material/Hilfsmittel	Ort/Personen
Bücher über das Referatsthema «Buch»	Schul-, Gemeinde-, Bezirksmediothek evtl. Büchergestell zu Hause, bei Bekannten …
Dias zum Referatsthema «Buch»	Mediothek, verschiedene Lehrpersonen fragen
Hellraumprojektor	steht im Schulzimmer
Diaprojektor	bei Lehrerin abklären, ob am Referatstag frei
Folien und Stifte	Lehrerin

Zeitplan

Materialsuche abgeschlossen	11. Jan.
Informationen ausgewählt und geordnet	25. Jan.
Vorbereitungen abgeschlossen	8. Feb.
Vortrag	15. Feb.

Sprache
- Verwende eine für alle verständliche Sprache.
  - Formuliere komplizierte Stellen in deine eigene mündliche Sprache um.
  - Erkläre Fremd- und Fachwörter.
- Bilde einfache, kurze Sätze.
- Gestalte das Referat sprachlich interessant und anschaulich:
  - Achte auf deine Wortwahl.
  - Stelle rhetorische Fragen (Scheinfragen). Sie regen zum Denken an. Eine Antwort wird nicht erwartet.
  - Gib bei Zahlenwerten Vergleiche an.
  - Gib bei Jahreszahlen gleichzeitige Ereignisse an, die der Klasse bekannt sind.
- Gestalte das Referat stimmlich durch Pausen, Langsamerwerden, Betonen etc.
- Sprich laut. Achte auf eine deutliche und korrekte Aussprache.

Hilfsmittel
- Suche für wichtige Stellen passende Illustrationen, Dias, Videoausschnitte, Texte oder Tonausschnitte.
- Plane frühzeitig den Einsatz von Medien: Karten, Wandtafel, Hellraumprojektor, Pinnwand, Diaprojektor, Videogerät, Tonbandgerät, CD-Player etc.
- Probiere alle Geräte aus, die du einsetzen willst.
- Nimm – wenn möglich – konkrete Gegenstände mit.

Weniger ist oft mehr. Setze besser wenige Hilfsmittel gezielt ein.

Möglichkeiten des Übens und Ausprobierens
- Schreibe dein Referat in Stichworten auf A6-Karten.
- Halte dein Referat laut für dich mit Hilfe deiner Karten. Kontrolliere die Zeit.
  Beim Ausprobieren sollte das Referat etwas länger als die vorgegebene Zeit dauern. Es ist möglich, dass du vor einem Publikum schneller vorträgst.
- Kürze oder ergänze deine Notizen.
- Übe die Einleitung, die einzelnen Hauptabschnitte des Hauptteils und den Schluss einzeln, bis du jeden Teil beherrschst.
- Reduziere die Notizen stufenweise auf immer weniger Stichwörter und reduziere die Anzahl der A6-Karten.
- Bereite dich auf Fragen aus dem Publikum vor.

- Kontrolliere dein Auftreten vor einem Spiegel:
  - Stelle dir dein Publikum vor.
  - Unterstreiche das Vorgetragene durch Gestik und Mimik. Überlege dir die Wirkung.
- Nimm dich auf Tonband auf. Kontrolliere deine Sprechweise: Aussprache, Deutlichkeit, Lautstärke, Tempo, Betonungen etc.
- Übe das ganze Referat oder Teile davon so lange, bis du dein Ziel erreicht hast.
- Lass dann dein Vortragen von jemandem/von einer Gruppe beurteilen. Bestimme allenfalls, wer auf was speziell achten soll. Lass dir Rückmeldungen zu den Kriterien deines Ziels aus den Bereichen Bau/Inhalt, Sprache, Auftreten, Hilfsmittel etc. geben → S. 34–37

Sprechen und Hören

Sprache
Wortwahl: *Johannes Gutenberg: Henne Gensfleisch, Erfinder, Entdecker, Buchdrucker, er*

Rhetorische Fragen: *Sind wir da nicht alle gleicher Meinung? Habt ihr euch auch schon einmal gefragt, warum gewisse Menschen …*

Hilfsmittel
Wandtafel

Johannes Gutenberg	* zwischen 1397/1400 Mainz
(Henne Gensfleisch)	+ 1468 ebenda
Erster deutscher Buchdrucker	
Erfinder des Buchdrucks mit beweglichen Metalllettern	

Folie

Dias

1   2   3

Stichwörter auf A6-Karten

Einleitung 1	Hauptteil 2	Biografie Gutenberg 3
Mein Hobby	Wie entsteht ein Buch?	Folie
Meine Fragestellung	Geschichte, Materialien	Erfindung Buchdruck
Altes Buch zeigen	Dias 1, 2,	WT, Dias 3, 4, Stempel
Ziel des Referats	Selbst geschöpftes Papier, Papyrusblatt	Buchdruck heute Computer

Wie kommt Buch vom 4 Autor zur Leserschaft?	Wo/Wie zu Büchern 5 kommen? Mediothek,	Schluss 6
Manuskript, positiver Entscheid Verlag, Lektorat, Layout Druck, Binden, Vertrieb, Marketing	Buchhandlung, Internet… Was bedeutet es, lesen zu können? Gefährliche Bücher	Bedeutung Buch/Lesen jetzt für mich Buch/Computer Hoffnung, Anregung für euch

Durchführung: Halten des Referats

- Versuche, innerlich ruhig zu bleiben.
  Ein bisschen Lampenfieber ist normal. Auch Profis leiden darunter.

- Konzentriere dich auf deinen Atem.
- Stelle dich gerade und möglichst natürlich auf beiden Beinen hin.
- Werde dir bewusst, dass du dich lange und gut vorbereitet hast.
- Denke an erfolgreiche Situationen in deinem Leben.
- Stelle dich deinem Publikum gegenüber positiv ein.
  Denke an Leute, die du magst.

- Schaue in dein Publikum.
  Benütze die A6-Kärtchen höchstens schnell als Gedankenstütze.
- Falls du nicht weisst, wohin mit deinen Händen:
  Halte deine Stichwörterkärtchen, einen Zeigestab …
- Sprich laut, langsam und deutlich.

Auswertung → S. 34–37

- Beurteile dich selber.
- Fertige Notizen zu den Rückmeldungen an.
  Frage bei Unklarheiten nach.
- Überlege dir,
  - welche Kriterien deiner Zielsetzung du schon erreicht hast.
  - woran du noch arbeiten musst.

Sprechen und Hören

Auswertung
Selbsteinschätzung

Auftreten

wirkt sicher, überzeugend	☐ ☐ ☐ ☒ ☐	wirkt unsicher
zeigt gute Haltung	☐ ☒ ☐ ☐ ☐	wirkt nachlässig
zeigt guten Einsatz des Körpers	☐ ☐ ☒ ☐ ☐	wirkt steif und verhalten
spricht frei	☐ ☒ ☐ ☐ ☐	liest ab
spricht Klasse an	☐ ☒ ☐ ☐ ☐	spricht Klasse nicht an
schaut in die Klasse	☐ ☒ ☐ ☐ ☐	schaut nicht in die Klasse
geht auf Reaktionen des Publikums ein	☐ ☐ ☒ ☐ ☐	geht auf Reaktionen des Publikums nicht ein
Begeisterung für das Thema ist spürbar	☐ ☒ ☐ ☐ ☐	Interesse kommt nicht rüber

Einschätzung eines Kollegen

Auftreten

wirkt sicher, überzeugend	☒ ☐ ☐ ☐ ☐	wirkt unsicher
zeigt gute Haltung	☐ ☒ ☐ ☐ ☐	wirkt nachlässig
zeigt guten Einsatz des Körpers	☐ ☒ ☐ ☐ ☐	wirkt steif und verhalten
spricht frei	☐ ☒ ☐ ☐ ☐	liest ab
spricht Klasse an	☒ ☐ ☐ ☐ ☐	spricht Klasse nicht an
schaut in die Klasse	☐ ☒ ☐ ☐ ☐	schaut nicht in die Klasse
geht auf Reaktionen des Publikums ein	☐ ☒ ☐ ☐ ☐	geht auf Reaktionen des Publikums nicht ein
Begeisterung für das Thema ist spürbar	☒ ☐ ☐ ☐ ☐	Interesse kommt nicht rüber

Gespräche zu zweit

Gespräche erproben

Um bei
- telefonischen Kontaktaufnahmen
- Vorstellungsgesprächen
- Interviews
- Umfragen

erfolgreich zu sein, erprobt ihr vorher zu zweit.

Vorbereitung
- Diskutiert, wie die Situation sein wird:
  - Wer nimmt am Gespräch teil?
  - Wo und wann findet es statt?

- Diskutiert, was dabei zu beachten ist:
  - Welches Ziel wird verfolgt?
  - Wie könnte es dem Gegenüber gehen?
  - Welche Erschwernisse könnten auftreten?

Durchführung
- Spielt die Gesprächssituation, als wäre sie Wirklichkeit.

Auswertung
- Notiert einzeln:
    - Wie habe ich mich gefühlt?
    - Was habe ich gut gemacht? Was hat die/der andere gut gemacht?
    - Was ist zu verbessern?

- Besprecht eure Notizen.
    - Formuliert, was ihr bei der/dem andern wahrgenommen habt: Was habt ihr wann gesehen, gehört?
    - Sagt der/dem anderen, wie sie/er auf euch gewirkt hat.
    - Bietet eure Rückmeldung als Hilfe an. (Zwingt sie nicht auf.)
    - Diskutiert Verbesserungsmöglichkeiten.

Erneutes Üben/Auswerten
- Übt so lange, bis ihr euch sicher fühlt.
- Baut auch Unvorhergesehenes ein.

- Tauscht die Rollen.
- Zieht eine dritte beobachtende Person bei.
  Lasst euch von ihr Rückmeldungen geben.

Telefonisch Kontakt aufnehmen

In folgenden Situationen telefonierst du:
- Anfragen für Interviews
- Erstkontakte mit Schnupperlehrfirmen
- Kontaktaufnahmen mit möglichen zukünftigen Lehrmeisterinnen/Lehrmeistern
- Kontaktaufnahmen mit Sekretariaten/Rektoraten weiterführender Schulen
- Anfragen zur Informationsbeschaffung etc.

Vorbereitung
- Überlege dir deine Ziele.
- Notiere deine Fragen und Anliegen.
- Überlege dir, mit wem du sprechen willst. Erkundige dich wenn nötig, wer für dein Anliegen zuständig ist.
- Setze dich so hin, als sässest du der Gesprächspartnerin/dem Gesprächspartner gegenüber.
- Halte dein Schreibmaterial bereit.

 Erprobe das Telefongespräch. → S. 14–15

Durchführung
- Stelle dich selber mit deinem Namen vor.
- Schreibe den Namen deiner Gesprächspartnerin/deines Gesprächspartners auf. Verwende ihn von nun an.
- Erkläre, weshalb du telefonierst.
- Frage nach, ob sie/er im Moment für dich Zeit hat.
  Falls nicht: Erkundige dich, wann sie/er Zeit hat.
- Falls nicht auf deine Fragen und Anliegen eingegangen werden kann:
  Erkundige dich, wen (oder was) sie/er dir dafür empfehlen könnte.

Falls ein Gespräch zustande kommt:
- Benütze nun deine Fragen, die du vorbereitet hast.
- Sprich deutlich und langsam.
- Beschränke dich auf die wesentlichen Punkte.
- Höre aufmerksam zu. Notiere wichtige Punkte.
- Frage nach, wenn du etwas nicht verstehst.
- Bedanke dich für die Auskunft oder das Gespräch.

Falls du einen Termin abgemacht hast:
- Vergewissere dich, dass du Ort und Zeit richtig notiert hast.
- Frage evtl. nach dem Weg zum vereinbarten Treffpunkt und nach der Zeit, die du dorthin brauchst.
- Verabschiede deine Gesprächspartnerin/deinen Gesprächspartner mit ihrem/seinem Namen.

Auswertung
- Überarbeite deine Notizen gleich nach dem Gespräch. Ergänze sie mit den neuen Informationen.
- Plane dein weiteres Vorgehen.

Sprechen und Hören

Vorbereitung
Ziele, Anliegen und Fragen notieren

Kurzfristiges Ziel:
Schnupperlehrwoche als Coiffeuse abmachen.

Langfristiges Ziel:
Bei Gefallen: Dort die Coiffeuselehre machen.

Anliegen und Fragen
Nehmen Sie Schnupperstifte? Kann ich bei Ihnen vom 6. bis 10. Mai schnuppern? Ganze Klasse schnuppert zu diesem Zeitpunkt. Bilden Sie auch Lehrlinge aus? Ist ab Sommer 2003 eine Lehrstelle frei?

Durchführung
Sich vorstellen, zuständige Person herausfinden, sich erkundigen, sich verabschieden

Guten Tag. Mein Name ist Mirjam von Salis. Es geht um eine Schnupperlehre. Können Sie mir sagen, wer bei Ihnen für die Lehrlingsausbildung zuständig ist?

    Das ist Frau Tomasini.

Könnten Sie mich bitte mit ihr verbinden?

    ...

Guten Tag, Frau Tomasini. Hier spricht Mirjam von Salis. Ich gehe in die 2. Sek A. Vom 6. bis 10. Mai haben wir von der Schule aus eine Schnupperlehrwoche. Ich suche eine Schnupperlehrstelle als Coiffeuse. Hätten Sie einen Moment Zeit?

    Tomasini.

    Äh, wir haben gerade viel Kundschaft.

Wann passt es Ihnen am besten?

    Kurz vor dem Mittag.

Kurz vor dem Mittag

Guten Tag, Frau Tomasini. Hier spricht nochmals Mirjam von Salis.

    Grüezi Mirjam. Ja, jetzt habe ich Zeit. Wann, sagtest du, sei denn eure Schnupperlehrwoche?

Vom 6. bis 10. Mai.

    Oh, da haben wir Betriebsferien ...

Aha. Schade. Kennen Sie einen anderen Coiffeur, der Schnupperlehrlinge nimmt und auch Lehrtöchter ausbildet?

    Hm... da muss ich mal überlegen ... Versuche es doch im Salon Rita in Zürich Affoltern.

Danke für die Auskunft. Auf Wiederhören, Frau Tomasini.

Auswertung
Weiteres Vorgehen planen

Telefonnummer Salon Rita?

Bewerbungsgespräch

Wenn ein Betrieb an dir interessiert ist, wirst du zu einem Bewerbungsgespräch eingeladen. Die Verantwortlichen möchten dabei so viel wie möglich über dich erfahren. Sie sammeln Informationen, um herauszufinden, ob sie dich einstellen möchten.

Vorbereitung
- Sammle Informationen über den Betrieb und die Lehrstelle. → S. 78–85
- Lies die Informationen, die du über den Beruf zusammengestellt hast, nochmals genau durch.
- Überlege dir,
  - weshalb du diesen Beruf erlernen willst.
  - weshalb du die Lehre in diesem Betrieb absolvieren willst.
  - welche Fragen dir dein Gegenüber stellen könnte.
  - welches deine Stärken und Schwächen sind (in der Schule und in der Freizeit).
  - welches deine Anliegen und Fragen sind.
- Nimm mit:
  - deine Notizen und Schreibzeug
  - evtl. Kopien deines Oberstufenzeugnisses
  - evtl. ein paar Schulhefte und Freizeitarbeiten, welche die Verantwortlichen interessieren könnten
- Kläre den Weg zum vereinbarten Treffpunkt ab. Plane genügend Zeit dafür ein.
- Achte auf dein Äusseres (Sauberkeit, Kleidung, kein Kaugummi).
- Erprobe das Vorstellungsgespräch. → S. 14–15

Durchführung
- Erscheine pünktlich am Besprechungsort.
- Zeige gute Umgangsformen.
- Schaue deine Interviewpartnerin/deinen Interviewpartner an.
- Setze dich so hin, dass du dich sicher fühlst.
- Bleibe natürlich, sachlich und ehrlich.
- Sprich klar und deutlich.
- Stehe zu deinen Stärken und Schwächen.
- Bemühe dich um ein ausgewogenes Gespräch:
  - Gehe auf Fragen ein. Antworte nicht einsilbig.
  - Formuliere auch deine Fragen und Wünsche.
- Frage nach, wenn dir etwas unklar ist.

Falls deine Eltern mitkommen:
- Denke daran, dass **du** dich um die Lehrstelle bewirbst.
- Übernimm die Verantwortung für dich, indem du dich im Gespräch engagierst.

Auswertung
- Besprich deine Gefühle und Eindrücke mit einer Person, der du vertraust.
- Plane dein weiteres Vorgehen.

Sprechen und Hören

Vorbereitung

Informationssammlung

*Wie gross ist der Betrieb?
Wie viele Leute arbeiten dort?
Welche Abteilungen gibt es?
Welche verschiedenen Arbeiten werden dort ausgeführt?
Welche Berufe kann man dort lernen?
Gibt es Spezialitäten bei der Herstellung/ bei der Dienstleistung? Gibt es etwas Besonderes in der Lehrlingsausbildung?*

Fragen und Anliegen

*Wo werde ich überall arbeiten?
Ist ein Besuch der Berufsmittelschule möglich? Kann ich in Ihrem Betrieb eine Anlehre machen? Was werde ich in den einzelnen Lehrjahren lernen?
Welche Weiterbildungsmöglichkeiten habe ich nach der Lehre in der Firma?*

Die Frage nach dem Lohn solltest du nicht gleich am Anfang stellen.

Mögliche Fragen des Gegenübers

Wie bist du auf unseren Betrieb aufmerksam geworden? Was hat dir in der Schnupperlehre gefallen/weniger gefallen? Wie wirst du mit dem, was dir weniger gefallen hat, umgehen? Was meinen deine Eltern zu deiner Berufswahl? Wie stellst du dir deine Zukunft vor? Was wirst du tun, wenn du eine Absage bekommst? ...

Gründe für die Berufswahl

*Ich will Coiffeuse werden.
In meinem Berufswahltagebuch habe ich meine Interessen und Neigungen notiert. Interessen: Ich informiere mich stets über neue Modeströmungen. Vor allem neue Frisuren interessieren mich.
Neigungen: Ich arbeite gerne mit meinen Händen. Haare haben mich schon immer fasziniert.*

Stärken und Schwächen

Wie kann ich meine Stärken nutzen? Ich bin kontaktfreudig. Das ist im Umgang mit Kundschaft von Vorteil. Wie kann ich meine Schwächen überwinden? Ich habe im Fach Deutsch in der Rechtschreibung Schwierigkeiten. Ich habe nun begonnen, eine Rechtschreibkartei zu führen, und lerne mehr. In der Gewerbeschule will ich so weiterfahren.

Durchführung

Begrüssung

Grüezi, Frau Tomasini.

Nachfragen

Verabschiedung

Danke, dass Sie sich Zeit für mich genommen haben. Auf Wiederschauen, Frau Tomasini.

Wie wollen wir nun verbleiben? Geben Sie mir Bescheid? Soll ich Sie zurückrufen?

Interview

Das Interview ist eine Befragung von Personen, die sich zu einem Thema äussern. Sie vermitteln dir eine persönliche Sichtweise. Auch können sie evtl. bei speziellen fachlichen Fragen, die sich durch andere Informationsmaterialien nicht beantworten lassen, Auskunft geben.

Vorbereitung

- Überlege dir, wozu du das Interview verwenden willst.
- Notiere stichwortartig, was dir schon über das Thema bekannt ist.
- Notiere Fragen, die du zu deinem Thema beantwortet haben möchtest. → S. 48
- Beschaffe dir Informationen. Beantworte so die Sachfragen. → S. 78–85
- Kläre ab, wie du zu geeigneten Interviewpartnerinnen/Interviewpartnern kommst.

- Stelle Fragen für das Interview zusammen:
  - Fragen, die vom vorliegenden Informationsmaterial nicht beantwortet werden
  - zusätzlich auftauchende Interessen und Unklarheiten, die sich beim Durcharbeiten von Informationsmaterial ergeben
  - Fragen, die eine persönliche Meinung/Erfahrung erforschen
- Stelle sie so, dass sie sich nicht mit Ja oder Nein beantworten lassen (W-Fragen).
- Formuliere eine Frage auf einmal.
- Formuliere neutral. Das Gegenüber soll unvoreingenommen antworten können.
- Vermeide sehr persönliche Fragen, die dem Gegenüber peinlich sein könnten.
- Bringe die Fragen in eine sinnvolle Ordnung. Mögliche Ordnungen sind:
  - zeitlich: zuerst Fragen zur Vergangenheit, dann zur Gegenwart, dann zur Zukunft
  - vom Einfachen zum Schwierigen: zuerst Fragen, die wahrscheinlich kurze Antworten, dann Fragen, die lange Antworten ergeben
  - vom Allgemeinen zum Persönlichen: zuerst Fragen, die generell beantwortet werden können, dann Fragen, welche die persönliche Meinung erforschen

- Frage Interviewparterinnen/Interviewpartner an: persönlich, telefonisch oder schriftlich. → S. 16
- Teile mit,
  - wer du bist.
  - worum es geht.
  - wie lange das Interview etwa dauern wird.
  - wie du es zu verwenden gedenkst.
- Bei Zusage:
  - Mache Zeit und Ort für das Gespräch ab.
  - Trage Ort und Zeit im Terminkalender ein.
  - Frage, ob evtl. eine Aufnahme (Tonband, Video) erlaubt ist.
  - Lege Fragebogen und Schreibzeug bereit.
  - Besorge evtl. ein Aufnahmegerät mit Batterien, Mikrofon, Kassetten. Mache Probeaufnahmen.

Sprechen und Hören

Vorbereitung
Erste Fragen zusammenstellen

Wie lange dauert die Lehre des Baumschulgärtners?

Welche Voraussetzungen muss ich für diese Lehre mitbringen?

...

Sachfragen durch geeignetes Informationsmaterial klären

Neu auftretende Unklarheiten und Fragen, die eine persönliche Meinung/ Erfahrung erforschen, auf Interviewfragebogen zusammenstellen

Was hat Sie bewogen, Baumschulgärtner zu werden?
...
Wie war Ihr Ausbildungsweg?
...
Was meinen Sie zum neuen Lehrgang für Landschaftsgärtner?
...
Was wird mir nach abgeschlossener Erstlehre als Baumschulgärtner bei einer Zweitlehre als Landschaftsgärtner angerechnet?
...
Welches sind für Sie die Vorteile dieses Berufs?
...
Wo sehen Sie die Nachteile?
...
Mit welchen Schwierigkeiten muss ich in der Lehre rechnen?
...

eine Frage auf einmal

neutrale Fragen

Fragen, die nicht mit Ja oder Nein beantwortet werden können

Durchführung
- Sei pünktlich am vereinbarten Ort.
- Begrüsse die Interviewpartnerin/den Interviewpartner freundlich.
- Bedanke dich für ihre/seine Bereitschaft zum Interview.
- Sprich Ziel und Zweck des Interviews nochmals an.
- Stelle nun deine Fragen.
  Mache dein Gegenüber darauf aufmerksam, dass es nicht alle Fragen beantworten muss.
- Fertige Notizen an → S. 38–40
  oder schalte evtl. Tonband/Kamera ein.
- Lasse dein Gegenüber ausreden, ausser sie/er spricht zu ausführlich.
- Halte den Zeitrahmen ein.
- Kläre ab, ob sie/er an der Endfassung des Interviews interessiert ist.
- Bedanke dich für das Interview.

Oft kannst du dich nicht an den vorbereiteten Fragenkatalog halten.
- Frage nach, wenn jemand
  – nur kurze Antworten gibt. Stelle eine neue Frage mit der Hauptaussage der ersten Antwort.
  – etwas Interessantes oder Unerwartetes sagt.
  – eine komplizierte oder unverständliche Antwort gibt. Bitte um eine weitere Erläuterung oder ein Beispiel.
  – von der gestellten Frage abschweift.

Auswertung
- Sichte das erhaltene Material. Bereite es gemäss deiner ursprünglichen Absicht auf.
  Wenn du es nicht wie ursprünglich geplant verwenden kannst: Überlege dir, was du sonst damit machen könntest.

Sprechen und Hören

Durchführung

Nachfragen bei kurzen Antworten

Wie sind Sie zum Beruf Baumschulgärtner gekommen?

Durch meine Eltern.

Wie meinen Sie das, **durch Ihre Eltern?**

Mein Vater baute diese Gärtnerei auf …

Nachfragen bei Unerwartetem/Unverständlichem

Mit welchen Schwierigkeiten muss ich in der Lehre rechnen?

Sehr grosse Mühe hatte der letzte Lehrling mit den lateinischen Namen der Pflanzen …

Oh. Muss man Lateinisch lernen? Das wusste ich gar nicht! Wozu denn?

Ja, weisst du, die internationalen Namen für Pflanzen sind bei Botanikern und Gärtnern lateinisch. Komm schnell …

Interviewpartnerin/Interviewpartner auf das ursprüngliche Thema zurückbringen

Das ist interessant. Darf ich nun wieder auf meine ursprüngliche Frage zurückkommen: Mit welchen Schwierigkeiten muss ich sonst noch rechnen?

Umfrage

Mit einer Umfrage beschaffst du dir Informationen über
- das Leben
- das Denken und Fühlen
- ein bestimmtes Verhalten

einer grösseren Anzahl von Menschen.

Du arbeitest mit Hypothesen (Annahmen) zu diesen Punkten. Ziel der Umfrage ist es, dass du deine Hypothesen überprüfst.

Vorbereitung
- Überlege dir, wozu du die Umfrage verwenden willst.
- Notiere stichwortartig,
  - was du schon über das Thema weisst.
  - was du herausfinden willst. Bilde Hypothesen darüber, wie sich bestimmte Leute verhalten, was sie denken und fühlen.
- Leite daraus erste Fragen ab. Formuliere sie vorläufig.
- Überarbeite deine Fragen für den Fragebogen:
  - Formuliere sie einfach und kurz.
  - Gib zwei bis maximal fünf mögliche Antworten vor.
  - Bereite eine erste Frage zum «Aufwärmen» vor.
    Sie muss noch nicht viel Information liefern.
    Formuliere sie so, dass eine Antwort mit Nein nicht möglich ist.
    Kontaktaufnahmen sind einfacher, wenn die erste Antwort nicht Nein ist.
- Frage nicht nach Namen oder Adresse.
  Aus Gründen des Datenschutzes ist dies nicht erlaubt.
  - Lasse bei jeder Frage auch Platz für eine unerwartete Antwort.
  - Achte darauf, dass Fragen und Antworten wenn möglich auf einem A4-Blatt Platz finden (Computerschrift, z.B. Arial Grösse 12).
  - Überprüfe am Schluss, ob Fragen und Antworten in einer sinnvollen Reihenfolge sind. Nummeriere sie.
- Lege Kriterien (Merkmale der Personen) fest, die für die Überprüfung deiner Hypothesen wichtig sind. Stelle keine bewertenden oder abwertenden Kriterien auf, z.B. hinkt/geht normal.

- Überlege, wen du wo befragen kannst.
  Je nachdem, was du herausfinden bzw. überprüfen willst:
  - Wähle eine spezielle Gruppe von Leuten, z.B. eine bestimmte Berufsgruppe.
  - Wähle die zu Befragenden «willkürlich», z.B. Passanten/Passantinnen auf der Strasse, Tür-zu-Tür-Befragung.
- Überlege,
  - wie viele Leute du befragen willst.
  - ob die einzelnen Kriterien ausgewogen sein sollen.
- Erprobe die Umfrage. → S. 14–15

Sprechen und Hören

Vorbereitung

Thema: «Pünktlichkeit»

Sammeln, was du über das Thema weisst
- In unserer Klasse sind alle pünktlich ausser Philipp und Michael. Von den Lehrkräften:
  Alle Lehrerinnen sind pünktlich, beinahe alle Lehrer sind auch pünktlich. Ausnahme: Herr Ringier
- Unsere Eltern sind immer pünktlich. Wir kommen manchmal später als ausgemacht nach Hause. Das ärgert sie. Wir hingegen würden uns nicht ärgern, wenn sie einmal später als abgemacht nach Hause kämen …

Hypothesen aufstellen

Hypothesen: Frauen sind pünktlicher als Männer. Ältere sind pünktlicher als Junge.
Pünktliche Leute (eher Frauen und ältere Menschen) ärgern sich über unpünktliche Menschen. Unpünktliche Menschen (eher Männer und Junge) haben einen lockereren Umgang mit der Zeit …

Erste Fragen ableiten → für Fragebogen umformulieren
Strategie festlegen
Kriterien festlegen

Wer ist im Allgemeinen pünktlicher, Frauen oder Männer (Junge oder Alte)? …
→ Umfrage: Kommt es vor, dass Sie zu spät kommen?

50 Personen auf Bahnhofstrasse befragen

Kriterium 1: gleich viele Frauen wie Männer; muss ausgewogen sein (25 Frauen/25 Männer)

Kriterium 2: Alter; muss nicht unbedingt ausgewogen sein

Fragebogen

Kriterien

Umfrage: Pünktlichkeit

Befragte   ☐ männlich   ☐ weiblich
           ☐ bis 20   ☐ über 20   ☐ über 50

Aufwärmfrage

1. Auf was oder wen warten Sie?
☐ Tram/Bus/Bahn   ☐ Leute   ☐ ………………………………

2. Wenn Sie auf jemanden warten müssen: Wie lange warten Sie?
☐ weniger als 5 Min.   ☐ 10 Min.   ☐ 15 Min.   ☐ länger   ☐ weiss nicht

3. Ärgert es Sie, wenn Sie mehr als 10 Minuten auf jemanden warten müssen?
☐ ja   ☐ nein   ☐ ………………………………

4. Kommt es vor, dass Sie zu spät zu einer Verabredung kommen?
☐ ja   ☐ nein/selten

Durchführung
- Halte das Material bereit:
  - Kopien der Umfragebögen
  - harte Unterlage für Blätter
  - Schreibzeug
- Nimm mit Partnerinnen/Partnern Kontakt auf.
  - Frage höflich, ob die Person für eine Umfrage Zeit hat.
  - Teile mit, wer du bist und worum es geht.
- Bleibe bei Ablehnung freundlich.
- Verwende für jede befragte Person ein eigenes Blatt.
- Kreuze zuerst die Kriterien an.

Befragte	☒ *männlich*	☐ *weiblich*	
	☐ *bis 20*	☐ *über 20*	☒ *über 50*

- Stelle dann deine Fragen: Kreuze während des Fragenstellens laufend die entsprechenden Antworten an.
- Notiere offene Antworten auf den freien Platz unter den Fragen.
- Bedanke dich am Schluss für die Auskunft.
- Verabschiede dich.

Auswertung
Auszählen Total
- Nimm einen leeren Umfragebogen als Auswertungsblatt. Bezeichne ihn mit «Auswertung – Total».
- Zähle die ausgefüllten Frageblätter. Trage die totale Anzahl der Befragten als Zahl bei «Befragte» ein.
- Zähle alle Frageblätter nach je einem Kriterium durch, z.B. Geschlecht, dann Alter. Übertrage die Zahl ins Auswertungsblatt.
- Zähle alle Antworten auf die erste Frage aus. Übertrage die Zahl ins Auswertungsblatt.
- Zähle danach alle Antworten auf die zweite Frage aus etc.

Auszählen zur Überprüfung einer Hypothese
- Nimm einen weiteren leeren Umfragebogen als zweites Auswertungsblatt.
- Suche unter allen Umfrageblättern die heraus, die dem gesuchten Kriterium zur Überprüfung der Hypothese entsprechen.
- Zähle sie. Übertrage die Zahl ins Auswertungsblatt.

Weiterführende Arbeit
- Formuliere, was du herausgefunden hast, was dir auffällt und ob deine Hypothesen bestätigt worden sind.
- Überlege,
  - weshalb die Umfrage wohl so und nicht anders ausgefallen ist.
  - was dich, von den Resultaten ausgehend, noch zusätzlich interessieren würde.
  - was am Umfragebogen oder bei den Rahmenbedingungen (Zeit, Ort, Anzahl Leute …) zu verbessern wäre.
- Überarbeite und verwende das Material gemäss deiner ursprünglichen Absicht.

Sprechen und Hören

Auswertung
Auszählen Total
Resultat auf leerem Umfragebogen eintragen

Umfrage: Pünktlichkeit	Auswertung Total
Befragte: 52	22 männlich 30 weiblich
	05 bis 20 21 über 20 26 über 50

4. Kommt es vor, dass Sie zu spät zu einer Verabredung kommen?
21 ja   31 nein/selten

Auszählen zur Überprüfung einer Hypothese
Kommen vor allem Männer zu spät? Männer heraussuchen und Frage 4 auszählen

☒ männlich   ☐ weiblich
☐ bis 20   ☐ über 20   ☐ über 50

1. Auf was oder wen warten Sie?
☒ Tram/Bus/Bahn   ☐ Leute   ☐ ....

2. Wenn Sie auf jemanden warten müssen: Wie lange warten Sie?
☐ weniger als 5 Min.   ☐ 10 Min.   ☐ 15 Min.   ☐ länger   ☒ weiss nicht

3. Ärgert es Sie, wenn Sie mehr als 10 Minuten auf jemanden warten müssen?
☐ ja   ☒ nein   ☐ ....

4. Kommt es vor, dass Sie zu spät zu einer Verabredung kommen?
☒ ja   ☐ nein/selten

Ergebnis Männer:
4. Kommt es vor, dass Sie zu spät zu einer Verabredung kommen?
15 ja   7 nein/selten

Ergebnis der Frauen ausrechnen, ohne alle Blätter auszuzählen: Total Ja-/Nein-Stimmen der Frage 4 minus Anzahl ja/nein männlich = Anzahl ja/nein weiblich
(21–15 resp. 31–7)

4. Kommt es vor, dass Sie zu spät zu einer Verabredung kommen?
6 ja   24 nein/selten

Prozentualen Anteil der zu spät Kommenden ausrechnen
22 Männer = 100%
15 Männer kommen ab und zu zu spät 100 : 22 × 15 = 68,18%

30 Frauen = 100%
6 Frauen kommen ab und zu zu spät 100 : 30 × 6 = 20%

Eventuell auf die gleiche Art ausrechnen, ob die Pünktlichkeit auch altersabhängig ist.

Gespräche in Gruppen

Gesprächsverhalten

Mit Gesprächsregeln verlaufen Gespräche und Diskussionen in Gruppen erfolgreicher.

Gesprächsregeln

- Bleibe fair. (Lache niemanden aus, greife niemanden persönlich an etc.)
- Höre den anderen zu. (Störe nicht durch Privatgespräche, Geräusche, Grimassen, dumme Sprüche etc.)
- Lasse die anderen ausreden.
- Sprich, wenn du an der Reihe bist.
- Knüpfe bei den Aussagen und Argumenten deiner Vorrednerinnen/Vorredner an.
- Bleibe beim Thema.
- Sprich laut und deutlich.
- Drücke dich kurz und klar aus.
- ...
- ...
- ...

- Passt Gesprächsregeln immer wieder neu den Gegebenheiten in eurer Klasse an:
  - Wählt einzelne aus der oben stehenden Liste aus.
  - Entwickelt eigene.
  - Überprüft sie.
- Hängt sie gut sichtbar auf.

Auch persönliche Schwierigkeiten können beim Sprechen und Zuhören behindern.
- Formuliert eure eigenen Schwierigkeiten.
- Findet selber Lösungsmöglichkeiten.

Sprechen und Hören

Eigene Schwierigkeiten formulieren

Selbsteinschätzung *Mögliche Vorgehensweise*

Zuhören

- Ich verstehe einzelne Fach- oder Fremdwörter nicht.

- Ich vergesse, wer was gesagt hat.

- …

- *Frage direkt nach.*
- *Schreibe die Wörter auf. Notiere daneben, was du vermutest, was sie bedeuten. Schlage sie später nach. Lerne sie.*
- *Notiere stichwortartig die Namen und die wichtigsten Aussagen.*
- *…*

Selbsteinschätzung *Mögliche Vorgehensweise*

Sprechen

- Ich getraue mich nicht, etwas zu sagen, oder bis ich mich getraue, hat es längst jemand anderer gesagt.

- Ich habe die Tendenz, ins Detail abzugleiten, nicht bei der Sache zu bleiben.

- Ich bin zwar logisch in meinen Argumenten, komme aber damit trotzdem nicht durch.

- …

- *Sprich mit deiner Lehrperson darüber.*
- *Übe in Kleingruppen, dich als Erste(r) zu Wort zu melden.*
- *Notiere kurz, was dir am wichtigsten ist.*
- *Nimm dir vor, nur eine bestimmte Anzahl von Sätzen zu sagen/eine bestimmte Zeit zu sprechen.*
- *Untermauere deine Argumente mit Beispielen.*
- *Beobachte jemanden, der seine Argumente gut durchsetzen kann: Wie ist ihre/seine Gestik/Mimik? Welche Redemittel setzt sie/er ein?*
- *Fühle dich in die Gegenpartei ein. Was könnte sie überzeugen?*
- *Stimme ihr in dem Teil zu, wo du mit ihr einig bist, und formuliere danach deine Ansicht.*
- *Denkst vielleicht nur du, dass du logisch argumentierst? Sprich mit deiner Lehrperson darüber.*
- *…*

Diskussion

In einer Diskussion werden unterschiedliche Meinungen vertreten. Um Meinungen zu stützen, braucht ihr Argumente.

Diskussionsteilnahme

Vorbereitung
- Bestimmt, wer welche Position einnimmt. Übernehmt evtl. auch Rollen.
- Beschafft euch Informationen zum Thema. → S. 76–85
- Sammelt Argumente für eure Position.
- Sucht Belege und Beispiele, um diese Argumente zu stützen.
- Sammelt auch Argumente der Gegenposition. Überlegt euch, wie ihr diese entkräften könnt.

Durchführung
- Bei Diskussionen ohne Leitung: Klärt ab, ob ihr das Gleiche unter den Hauptbegriffen des Diskussionsthemas versteht.
- Haltet euch an die Gesprächsregeln (und die Weisungen der Gesprächsleitung).
- Informiert die anderen über eure Position und evtl. eure Rolle.
- Vertretet eure Meinung:
  – Stimmt den Argumenten der anderen zu oder
  – versucht, ihre Argumente zu entkräften: Widersprecht, bezweifelt ihre Aussagen, hinterfragt ihre Argumente.
- Fragt nach, wenn ihr etwas nicht richtig verstanden habt.
- Wehrt euch, wenn euer Beitrag nicht richtig verstanden wird. Erläutert ihn nochmals.
- Greift Beiträge der anderen auf und fasst sie in euren Worten zusammen.
- Wehrt euch, wenn ihr unterbrochen werdet.
- Meldet an, wenn ihr reden wollt.
- Notiert: → S. 40
  – Wer sagt was?
  – Eigene Geistesblitze, die später eingebracht werden könnten.

Auswertung
- Gebt einander Rückmeldungen zu eurem Gesprächsverhalten. → S. 34–37

Sprechen und Hören

Verschiedene sprachliche Mittel

Meinung vertreten:
Ich denke, dass …
Ich bin der Ansicht, dass …
Ich bin der Überzeugung, dass …

zustimmen:
Ganz richtig!
Da bin ich ganz mit dir einverstanden.
Das stimmt genau.

bezweifeln:
Da habe ich aber starke Zweifel, ob …
Ich kann mir nicht vorstellen, dass …
An … muss ich starke Bedenken anmelden, denn …

nachfragen:
Entschuldigung,
- was verstehst du unter …
- kannst du mir das genauer erklären?
- was ist gemeint mit …?

nochmals Beitrag erläutern:
Ich habe gemeint, dass …
Das war wohl nicht ganz klar. Ich meine damit …
Vielleicht ein Beispiel dazu: …

sich wehren bei Unterbrechung:
Bitte lass mich ausreden.
Ich möchte das noch fertig sagen.
Nur noch diesen Satz.

vorsichtiger:
Soweit ich informiert bin, …
Soviel ich weiss, …

widersprechen:
z.B. mit aber, jedoch, dagegen, doch, dennoch, trotzdem, allerdings …
Da bin ich allerdings anderer Ansicht.
Das ist aber nicht richtig so.
Das finde ich nicht.

hinterfragen:
z.B. mit W-Fragewörtern
Warum? Wieso? Weshalb? Wozu?
Wodurch? Wann? Wer? Wie? Wo? …
Weshalb sollte es durch die freie Drogenabgabe kein Drogenelend mehr geben?

sich wehren:
Da hast du mich falsch verstanden.
So habe ich das nicht gesagt.
Nein, so habe ich das nicht gemeint.

Beitrag aufgreifen, zusammenfassen:
B hat gesagt, dass …
Wenn ich C richtig verstanden habe, heisst Drogenfreigabe …
Nach B ist es also so, dass Drogenfreigabe … bedeutet.

Redebeitrag anmelden:
Entschuldigung, wenn ich dich kurz unterbreche, aber …
Ich möchte zu … noch etwas ergänzen.
Ich möchte noch etwas sagen zu …

Diskussionsleitung

Die Diskussionsleitung ist verantwortlich für
- den geordneten Ablauf einer Gesprächsrunde
- die Einhaltung der Gesprächsregeln
- die Erreichung des Diskussionsziels

Vorbereitung
- Informiere dich gründlich über das Thema. Nur so kannst du nachher das Gespräch gut leiten.

Durchführung
Eröffnung
- Gib nochmals das Thema und das Ziel der Diskussion bekannt.
- Teile mit, wie lange die Diskussion dauern soll.
- Weise darauf hin, dass die Diskussionsregeln eingehalten werden müssen. Hänge sie für alle gut sichtbar auf.
- Stelle die Teilnehmerinnen/Teilnehmer in ihren Positionen und Rollen vor. Oder: Lasse sie sich selber in ihren Positionen und Rollen vorstellen.
- Bestimme evtl. die Sitzordnung (z.B. Gegner links, Befürworter rechts).
- Bestimme evtl. eine Protokollführerin/einen Protokollführer.
- Stelle sicher, dass alle das Gleiche unter den Hauptbegriffen des Diskussionsthemas verstehen.

Hauptteil
- Erteile das Wort.
  - Wenn sich viele Rednerinnen/Redner melden: Notiere die Reihenfolge der Meldungen.
- Achte auf gerechte Redeanteile:
  - Fordere Langrednerinnen/Langredner auf, sich kürzer zu fassen.
  - Ermuntere stillere Teilnehmerinnen/Teilnehmer zum Reden.
- Unterbinde Verstösse gegen die Gesprächsregeln.
- Wenn jemand den roten Faden verliert: Führe das Gespräch auf das Thema zurück.
- Achte darauf, dass die Rednerinnen/Redner aufeinander eingehen.
- Wenn jemand sich nicht klar ausdrückt: Stelle Rückfragen.
- Wenn sich das Gespräch im Kreis dreht: Gib neue Impulse.
- Fasse Gesagtes von Zeit zu Zeit zusammen.
- Bleibe neutral und fair.

Schluss
- Kündige das Ende der Diskussion an.
- Fasse die Ergebnisse zusammen.
- Regle die Auswertung der Diskussion.

Auswertung
- Frage deine Mitschülerinnen/Mitschüler, was ihnen an deiner Gesprächsleitung gefallen hat.
- Überlege dir, was du das nächste Mal besser machen kannst.

Sprechen und Hören

Durchführung
Eröffnung

Gesprächs-leitung: Das Thema der heutigen Diskussion ist: Sollen harte Drogen legalisiert werden? Ziel ist es, möglichst viele Standpunkte kennen zu lernen. Wir haben eine halbe Stunde Zeit. Die Gesprächsregeln seht ihr an der Wandtafel. Heute konzentrieren wir uns vor allem auf folgende Punkte:
- Höre den anderen zu.
- Lasse die anderen ausreden.
- Sprich, wenn du an der Reihe bist.

Wir führen heute eine Podiumsdiskussion durch. Drei Personen sind für die Legalisierung, drei dagegen. Wer seid ihr? Welche Rollen habt ihr? Welche Positionen vertretet ihr?

Esther: Ich habe heute die Rolle von Frau Hunziker. Sie ist die Mutter einer drogenabhängigen Tochter. Sie ist dagegen, dass harte Drogen legalisiert werden.

Sarah und Patrick: Wir haben die Rollen von ehemals drogenabhängigen Jugendlichen und heissen Sabrina und Bernhard. Diese haben einen Entzug hinter sich. Sie sind sicher, dass sie nie mit Drogen angefangen hätten, wenn sie das Illegale nicht gereizt hätte. Sie sind also für die Legalisierung.

Gesprächs-leitung: Gut. Ich fasse zusammen: Rechts neben mir sitzen Frau Hunziker, Herr Bürgler und ... Sie sind gegen eine Legalisierung.
Links neben mir sitzen Sabrina, Bernhard und ... Sie sind für eine Legalisierung.
Noch zur Begriffsklärung: Unter harten Drogen versteht man z.B. Heroin, Kokain und LSD. Haschisch und Marihuana zählen nicht dazu. Einverstanden?

Hauptteil

Wem darf ich das Wort geben? Sabrina hat sich zuerst gemeldet, dann Bernhard ...

Sabrina, bitte fassen Sie sich kurz. Noch diesen Satz, und dann Herr Bürgler...
Frau Hunziker, wie war das mit Ihrer Tochter? ...

Gesprächs-leitung: Sabrina, wir sprechen hier über die Legalisierung von harten Drogen, nicht über Kleider. Darf ich Sie bitten, auf das Thema zurückzukommen ...

Stopp, eine nach der anderen. Lassen Sie Frau Hunziker fertig reden, Sabrina. Bitte, Frau Hunziker ...
Sabrina, Sie sind jetzt nicht dran. Warten Sie, bis ich Ihnen das Wort erteile. ...

Herr Bürgler, Sie haben Erfahrung mit dem Projekt X in Z. Welches sind Ihre Erfahrungen? ...

Schluss

Wir müssen langsam zum Ende kommen. Noch ganz kurz Bernhard und dann noch Herr Bürgler. ...

Gesprächs-leitung: Gut. Ich fasse zusammen: Frau Hunziker kann sich unter bestimmten Umständen vorstellen, wie das im Projekt X in Z der Fall ist, harte Drogen legal an Abhängige abzugeben, nicht aber ...

Ich danke Ihnen allen für das Gespräch. Sind noch Fragen aus dem Publikum an unsere Gäste? Okay. Nun bitte ich euch, die Rückmeldungsformulare auszufüllen, jede und jeder für sich. ...

Kommunikation beobachten

Du beobachtest und beurteilst eigenes oder fremdes Sprech- und Gesprächsverhalten bei
- vorbereitetem Vorlesen/Stegreifvorträgen/Referaten.
- Üben und Durchführen dialogischer Gesprächssituationen.
- Gesprächen/Diskussionen in Gruppen.

Ziel der Selbst- und der Fremdbeurteilung ist, dass du
- dich besser einschätzen lernst.
- dein Sprech- und Gesprächsverhalten verbesserst.

Kriterien sind Punkte, auf die du achten solltest. Du kannst sie selber zusammenstellen oder bei deiner Lehrkraft/bei deinen Mitschülerinnen/Mitschülern bekommen.

Sich selber beurteilen/sich beurteilen lassen

Vorbereitung (vor der Sprech-/Gesprächssituation)
- Überlege dir, welches Ziel/welche Ziele du erreichen willst.
- Lege dementsprechend die Kriterien fest.
- Übe die Sprech-/Gesprächssituation gemäss deinen Kriterien.
- Teile deinen Kolleginnen/Kollegen/deiner Lehrperson mit, nach welchen Kriterien du dein Sprech- oder Gesprächsverhalten beurteilt haben willst.

 Lasse dich schon während des Übens gemäss deinen Kriterien beurteilen.

Sprechen und Hören

Durchführung (nach der Sprech-/Gesprächssituation)
Vor den Rückmeldungen deiner Kolleginnen/Kollegen/deiner Lehrkraft:
- Setze auf ein Blatt Papier den Titel «**Selbstbeurteilung**».
  Notiere deine Antworten auf folgende Fragen in zwei Spalten:

Bezüglich der Kriterien

Was genau habe ich wann gut gemacht?	Was muss ich das nächste Mal wie besser machen?

- Setze auf ein weiteres Blatt Papier den Titel «**Fremdbeurteilung**».
- Gestalte das Blatt gleich wie bei der Selbstbeurteilung.
- Lasse dir Rückmeldungen geben.
  - Höre einfach zu.
    Rechtfertige dich nicht. Erkläre nicht im Nachhinein, wie du etwas gemeint hast. Nimm einfach zur Kenntnis, dass das von dir Gemeinte bei den andern anders angekommen ist.
  - Frage nach, wenn du die Rückmeldung nicht verstehst.
  - Notiere die Rückmeldungen.

Nach den Rückmeldungen:
- Fasse die Rückmeldungen zusammen.

Auswertung und Planung der weiteren Vorgehensschritte
- Überlege, was du aus den Rückmeldungen lernen kannst.
- Bestimme die Unterschiede zwischen der Selbst- und der Fremdbeurteilung.
- Berücksichtige bei der nächsten Gelegenheit die Selbst- und die Fremdbeurteilung. Arbeite an den Kriterien weiter, die du noch verbessern musst.

Falls die Unterschiede zwischen der Selbst- und der Fremdwahrnehmung gross sind:
- Frage dich und andere,
  - woran es liegen könnte, dass etwas bei andern anders angekommen ist, als du es wolltest.
  - was du anders machen musst, damit es richtig ankommt.
- Versuche bei der Vorbereitung und beim Handeln dich selber aus der Sicht einzelner Mitschülerinnen/Mitschüler und/oder der Lehrperson wahrzunehmen.
- Lasse dir das nächste Mal schon während der Übungsphase Rückmeldungen geben.

Andere beurteilen
- Gib deine Rückmeldungen zu den gewünschten Kriterien so rasch wie möglich.
- Sei sachlich.
  - Beschreibe, was du wahrgenommen hast.
    Beziehe dich dabei auf konkrete Einzelheiten: Was hast du wann gesehen, gehört?
  - Vermeide Interpretationen und Bewertungen. Was du sagst, sollte nachprüfbar sein. Gib auch zu, dass du dich möglicherweise irrst.
- Teile mit, was dir gefallen hat.
- Mache Vorschläge, wie dir etwas besser gefallen würde.
  Gib Hinweise, wo (in welchem Lebensbereich oder Fach) die/der andere das schon kann.
- Melde die Dinge zurück, von denen du denkst, dass die/der andere sie auch verändern kann.
- Formuliere die Fragen, die für dich noch offen sind.
- Formuliere, was du für dich aus dem Ganzen gelernt hast.

Sprechen und Hören

Andere beurteilen
Rückmeldeformular mit beurteilten Kriterien

Allgemeines

zeitlich gut geplant	☒ ☐ ☐ ☐ ☐	*Zeit unter- oder überschritten*
reibungslos dargeboten	☐ ☐ ☒ ☐ ☐	*«Pannen»*
selber über das Thema gut Bescheid gewusst	☐ ☒ ☐ ☐ ☐	*nicht überzeugend, unvorbereitet gewirkt*
habe etwas Neues erfahren	☐ ☒ ☐ ☐ ☐	*habe nichts Neues erfahren*
positiver Gesamteindruck	☐ ☒ ☐ ☐ ☐	*negativer Gesamteindruck*

Persönliche Rückmeldung

Gut! Du hast genau zehn Minuten frei vorgetragen.
Es wäre aber besser, wenn du den Diaprojektor schon vorher bereitmachen
würdest und nicht während des Vortrages noch Dias einordnen müsstest.
Die Fragen hast du, ausser derjenigen von Jörg, alle ausführlich beantwortet.
Gefallen hat uns, dass du uns über das Thema «Buchdruck» sehr viele Infos
mitgegeben hast. Neu für uns alle war die Lebensgeschichte von Gutenberg.

Sich beurteilen lassen

Erster Gedanke   *Nachfragen bei Unklarheiten*

Ja, schon recht,   Denkt ihr, dass ich
wenn Frau Merz noch   Jörgs Frage hätte beantworten
alle Franzdias im Magazin   können müssen? Hätte das eurer
drin hat …   Ansicht nach auch zu diesem
                                              Thema gehört?

Zweiter Gedanke

Wie könnte ich das besser machen?

Reaktion: 2. Spalte Blatt
«Fremdbeurteilung»

Deutsch   *20. 2. 2004   1/*

Fremdbeurteilung Vortrag Buchdruck

Allgemein:

Was genau habe ich wann gut gemacht?	Was muss ich das nächste Mal wie besser machen?
Zeitl. Planung Fragenbeantwortung Viele neue Infos	Dias und Diaprojektor vor dem Vortrag bereitstellen. • Frau Merz bitten, mir vorher leeres Magazin zu geben • Vor der D-Lektion: Diaprojektor bereitstellen

Zuhören

An gewisse Hörsituationen musst du dich erinnern können:
- Erklärungen der Lehrkraft
- Vorträge
- Telefongespräche
- Sitzungen
- Interviews
- Umfragen
- Filme/Radiosendungen

Manchmal musst du deren Inhalt weiterverarbeiten.

Mitnotieren

Am besten fertigst du während des Zuhörens Notizen an. Überarbeite diese danach so schnell wie möglich.

Vorbereitung
- Überlege dir, was du über das Thema schon weisst.
- Überlege dir das Hörziel: Bitte deine Lehrkraft um Fragen/Aufgaben oder stelle selber welche zusammen.
- Entscheide, wie du notieren willst:
  - auf Karteikarten
  - mit Hilfe einer Visualisierung (z.B. mit einem Mindmap)
  - der Reihe nach auf Notizblätter

  Karteikarten und Visualisierungen (z.B. Mindmaps) eignen sich
    - bei wenigen konkreten Fragen.
    - für eine kurze Hörsituation.
    - wenn du dich vorbereiten kannst.

  Notiere der Reihe nach auf Notizblätter, wenn
    - du dich nicht vorbereiten kannst.
    - das Hörziel darin besteht, dass du einen ganzen Inhalt mitnotierst.
    - du viele vorbereitete Fragen beantworten willst/musst.

Durchführung
Auf Karteikarten notieren
- Schreibe jeweils eine Frage/Aufgabe vorne auf eine Karteikarte.
- Lege die Karten so vor dich hin, dass du die Fragen überblicken kannst.
- Schreibe die Antworten hinten auf die entsprechende Karte. Notiere nur das Wesentliche.

Mit Hilfe eines Mindmaps notieren
- Schreibe die Stichworte der Fragen/Aufgaben in die Mitte oder auf die Hauptäste eines Mindmaps. Gewichte dabei nach Über- und Unterordnung.
- Schreibe die Antworten als Stichworte auf die zugehörigen Unteräste.

Sprechen und Hören

Vorbereitung

Vorgegebenes Hörziel: Fragen der Lehrkraft zu einem Film

1) Was ist «Oral History»?
2) Wie empfinden die Schüler/Schülerinnen die erzählte Geschichte?
3) Was bedeutet es für die Menschen, die selber Zeitzeugen sind?
4) Welches sind die Nachteile/Gefahren der «Oral History»?

Eigenes Hörziel: deine Fragen

- Warum gehen Zeitzeugen in die Schulhäuser?
- Wie geht es ihnen, wenn sie Schülern/Schülerinnen ihre Geschichte erzählen?

Durchführung

Karteikarten

vorne	hinten
Was ist Oral History?	mündlich weitererzählte Geschichte

Mindmap

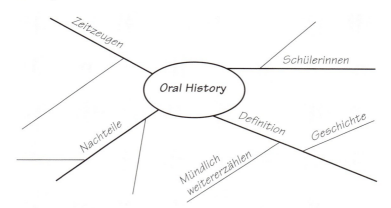

Auf Notizblätter der Reihe nach notieren

Vorbereitung
Deutsch: Film   28.10. 2002 | S. 1

Oral History aus USA, Gesch erzählen, finden wichtig | OH= ?
+ , wenn S einem zuhören, eigene Erfahrungen für andere Bedeutung | Zz
+ so selber in der Vergangenheit Sinn finden | + = gut
− bei schlimmen Erinnerungen | − = schlecht

Auswertung

Auf Notizblättern der Reihe nach notieren

- Bereite Notizblätter vor.
  - Lasse am rechten oder linken Rand ca. 4 cm aus für Worterklärungen, zusammenfassende Stichworte oder Untertitel.
  - Lasse unten am Blatt ca. 4 bis 5 cm aus: für weiterführende Gedanken, Kontrollfragen, Zusammenfassungen oder visuelle Darstellungen.
  - Beschrifte sie mit Datum, Fach, Thema, Seitenzahl.
  - Überlege dir eine geeignete Darstellungsform.
- Schreibe leserlich.
- Schreibe keine ganzen Sätze. Halte das Wesentliche stichwortartig fest:
  - den Titel
  - die Untertitel
  - die Schlüsselwörter
    Schlüsselwörter sind die Grundaussagen zu einem Thema. Dies sind meist nur wichtige Nomen und Verben. Lasse Artikel und unwichtige Verben weg.
- Verwende allgemein gebräuchliche Abkürzungen und Symbole.
- Erfinde eigene Abkürzungen für immer wiederkehrende Wörter, nachdem du sie einmal ausgeschrieben hast. Unterstreiche beim ersten Schreiben die dafür verwendeten Buchstaben.
- Erfinde selber Zeichen. Du kannst auch schnell etwas zeichnen.
- Notiere wichtige Daten, Namen und Zahlen.
- Verwende, wo immer möglich, Ziffern.
- Wenn dir etwas nicht klar ist: Setze Fragezeichen links oder rechts an den Rand.
- Wenn du nicht mitkommst: Lasse Platz aus.

- **allgemein gebräuchliche Abkürzungen**
  - zum Beispiel   = z.B.
  - das heisst   = d.h.
  - eventuell   = evtl.
  - oder Ähnliches   = o.Ä.
  - und andere   = u.a.
- **eigene Abkürzungen**
  - bei Namen nur Initialen schreiben: *Friedrich Dürrenmatt* = FD
  - nur die erste Silbe des Wortes/Namens ausschreiben: *Gutenberg* = GU
  - nur die erste Silbe und den ersten Buchstaben der zweiten Silbe ausschreiben: *Beziehung* = Bez., *Fortsetzung* = Forts.
  - nur den ersten Teil des Wortes ausschreiben: *Biologie* = Bio
  - gewisse Buchstaben aus dem Wort weglassen: *Pythagoras* = Ptgs
  - einen Apostroph anstelle von Buchstaben setzen: *Buchfink* = B'fink
- **Symbole/Zeichen**
  - Sonne und Niederschläge
  - gestorben †
  - weiblich/männlich ♀ ♂
- **Ziffern**
  - einunddreissigster Dezember   = 31.12.
  - dreizehn Mal   = 13 x
- **Kombinationen**
  - Achtung = 8ung

Sprechen und Hören

Auf Notizblätter notieren

Vorbereitung: Fragen zusammenstellen, geeignete Darstellungsart überlegen

Wie ist das Wetter am kommenden Mittwoch/Donnerstag/Freitag?
Wie ist das Wetter im Norden: Alpennordseite/Jura/Westschweiz/Voralpen?
Wie ist das Wetter im Süden: Graubünden/Wallis/Alpensüdseite?
Wie sind die Temperaturen an diesen Tagen im Süden/im Norden?
Wo ist die Nullgradgrenze?

Nachbereitung: Hörziel übermalen

Wohin sollen wir gehen, damit wir Sonne antreffen und mindestens 15 °C haben?

Deutsch: Vorbereitung Klassensitzung Wetterprognosen für 13. bis 15. März   11.3.20..   S. 1

	NORDEN			SÜDEN		
	Alpen-nordseite	Jura Westschweiz	Voralpen	Grau-bünden	Wallis	Alpen-südseite
Mittwoch Temperatur 0°-Grenze	14° 1800–2000 m					20°
Vormittag	ziemlich ☀	→	→	☁	☀	☀
Nachmittag	zunehmend ☁	→	→	zieml. ☀	Quell- ☁ trocken	Quell- tr. ☁
Abend	einige 🌧 generell Osten ☁	starke 🌧	🌧	↓	↓	↓
Donnerstag Temperatur 0°-Grenze	kühl 1600 m					
Vormittag	veränderlich	Westen allmähliche Wetter-besserung			Wechselnd ☁	
Nachmittag	🌧				einige 🌧 🌩	
Abend	Schneefall-grenze 1000 m					
Freitag Temperatur 0°-Grenze	kühl 1000 m				steigend	
Vormittag	veränd. 🌧		↓		Webes	
Nachmittag	Schgr 1000 m				meist ☀	
Abend	Webes					

☀ sonnig

🌧 (Regen-)Schauer

🌩 Gewitter

☁ bewölkt

Vorschlag: Abschlussreise am Mi bei uns/TI machen, am Fr ins TI, evtl. Jura/WestCH

Auswertung von Karteikarten oder Visualisierungen nach vorbereitetem Zuhören
- Überprüfe das Hörziel: Hast du Antworten erhalten?
Suche evtl. neue (andere) Quellen. → S. 78–85
Vergleiche deine Resultate mit den Resultaten anderer.

Auswertung der Notizblätter nach vorbereitetem und unvorbereitetem Zuhören
Falls du dich vorbereitet hast, arbeite mit der Aufgabenstellung:
- Übermale die Lösungen in den Notizen.
- Fasse sie auf dem vorgesehenen Platz unten auf dem Blatt zusammen. Verwende für Sachverhalte auch visuelle Darstellungsarten → S. 64–75
- Überprüfe das Hörziel: Hast du Antworten erhalten? Weisst du, was tun?
Ergänze oder reduziere deine Notizen dementsprechend.

- Frage oder schlage bei Unklarheiten nach. Notiere dir diese Informationen an den Rand. → S. 76
- Vergleiche deine Notizen mit den Notizen anderer.
- Streiche Nebensächliches oder markiere Schlüsselbegriffe. Diese kannst du auch an den Blattrand rechts oder links schreiben. → S. 56–59
- Stellen sich neue Fragen? Suche evtl. neue (andere) Quellen. → S. 78–85

Später notieren
Manchmal kannst du erst nach einer Hörsituation Notizen anfertigen.
- Gehe vor wie → S. 43 beschrieben.
- Bei viel Information: Notiere bei der erstbesten Gelegenheit auf ein Notizblatt ungeordnet alles, woran du dich erinnern kannst. Vielleicht helfen dir folgende Fragen:
  – Was ist mir wann besonders aufgefallen?
  – Was hat mich besonders gefreut? Was hat mich geärgert?
  – Womit bin ich einverstanden/nicht einverstanden?
  – Was habe ich nicht verstanden?

  Gehe ähnlich vor wie oben beschrieben. (Durchführung/Auswertung der Notizblätter nach vorbereitetem und unvorbereitetem Zuhören).
- Bei wenig Information und wenigen Fragen kannst du auch mit Karteikarten oder Visualisierungen arbeiten.

Wiedergeben ohne Notieren

Es gibt Situationen, wo du weder während noch nach dem Hören notieren kannst. Um das Gehörte trotzdem weiterverarbeiten zu können, gehe folgendermassen vor:
- Bereite dich wenn möglich auf die Hörsituation vor:
  - Überlege dir, was du über das Thema schon weisst. Das erleichtert später das Zuhören.
  - Kläre das Hörziel: Was willst/musst du erfahren? Konzentriere dich während des Zuhörens darauf.
- Nach dem Zuhören: Wiederhole in Gedanken alles, was du gehört hast.
  - Stelle dir das Gehörte bildlich wie einen Film vor.
  - Erfinde wenn möglich anschauliche Beispiele für theoretische Stellen.
  - Versuche das Gehörte mit deinen eigenen Erfahrungen zu verbinden.
  - Erzähle den Inhalt einer anderen Person. Oder: Stelle dir vor, dass du ihn einer anderen Person erzählst. Du kannst das auch halblaut tun.
- Je nach Situation: Frage oder schlage bei Unklarheiten nach.
- Löse die Aufgabenstellung.

Wenn du den Inhalt gleich mündlich wiedergeben musst/willst
- Informiere in der Einleitung:
  - Wer hat wann/wo/wozu/wie/worüber informiert? Fasse dich in der Einleitung über das Worüber kurz.
  - Was war das Hörziel (Fragen/Aufgaben)?
- Gib die wichtigsten Punkte, die erhaltenen Antworten der Reihe nach wieder. Erzähle nun ausführlich, worüber informiert wurde.
- Erzähle dabei (oder am Schluss), was dir besonders aufgefallen ist.
  - Was hat dir gefallen? Was hat dich gefreut?   Warum?
  - Was hat dir nicht gefallen? Was hat dich geärgert?   Warum?
  - Womit bist du einverstanden/nicht einverstanden?   Warum?
  - Was hast du nicht verstanden?   Warum?
  - Welche Fragen wurden nicht beantwortet?

Weiterführende Möglichkeiten:
- Teile mit,
  - was du mit dem gehörten Inhalt anzufangen gedenkst.
  - wie du ihn weiterverwerten willst.
- Erkundige dich beim Publikum,
  - ob es noch Fragen hat.
  - ob es noch etwas ergänzen will.
  - ob es offene Fragen beantworten kann.
  - welche Tipps es zur weiterführenden Arbeit hat.

Lesen und Verarbeiten

Effizient lesen

Kläre im Voraus, wie eine Leseaufgabe genau lautet.
Richte dich dann so ein, dass du effizient lesen kannst:
- Wähle eine ruhige Umgebung aus.
- Achte auf eine gute Lichtquelle.
- Setze dich aufrecht hin.
- Wähle den idealen Augenabstand zum Text.
- Halte den Kopf während des Lesens möglichst ruhig. Folge dem Text nur mit den Augen.

Während des Lesens:
- Nimm ein Blatt Papier. Decke die schon gelesenen Textblöcke ab.
- Steigere das Lesetempo, indem du mit dem Zeigefinger oder einem Stift senkrecht nach unten oder diagonal von oben links nach unten rechts fährst.
- Stelle dir möglichst viel bildlich vor.

Du willst:

einen geeigneten Text finden	→ Informationen beschaffen bei Recherchen → S. 78–85
abklären, ob der Text für die Aufgabe geeignet ist	→ 5-Schritt-Methode, 1. Schritt → S. 46
dem Text Folgendes entnehmen:	
• das Thema oder einzelne Informationen	
• den Inhalt in groben Zügen	→ Überfliegen → S. 52
• Antworten auf eine bestimmte Frage	→ 5-Schritt-Methode, 3. Schritt → S. 48
• den gesamten Inhalt im Detail	→ 5-Schritt-Methode, 1.–4. Schritt → S. 46–50
einen Text lesen und ganz verstehen:	
• W-Fragen stellen	→ 5-Schritt-Methode, 2. Schritt → S. 48
• markieren oder Notizen machen	→ Markieren/Randnotizen machen → S. 56–58
• Wortschatz klären	→ Informationen beschaffen beim Lesen → S. 76
• bildlich darstellen	→ Texte visualisieren → S. 64–75
kontrollieren, ob du das Gelesene verstanden hast	→ 5-Schritt-Methode, 4./5. Schritt → S. 50
das Gelesene verwerten:	
• den Inhalt weitererzählen	→ Markieren/Randnotizen machen → S. 56–59
• ein Referat halten	→ 5-Schritt-Methode; 5. Schritt → S. 50
• lernen	→ Texte zusammenfassen → S. 60–63
• schriftlich zusammenfassen	→ Texte visualisieren → S. 64–75

Texte lesen

Die 5-Schritt-Methode (wird auf S. 46–51 genauer vorgestellt)

Die 5-Schritt-Methode ist ein Leseverfahren im Umgang mit Büchern und einzelnen Texten. Sie eignet sich sowohl für literarische Texte als auch für Sachtexte.

Mit ihr
- gewinnst du schnell einen Überblick über ein Buch oder einen einzelnen Text.
- kannst du entscheiden, ob sich ein Buch oder ein einzelner Text für eine Aufgabenstellung eignet (z.B. für einen Vortrag zu einem bestimmten Thema).
- findest du heraus, ob dir dafür nur bestimmte einzelne Textpassagen oder Bilder genügen.
- kannst du deine eigenen Fragen an ein Buch oder einen einzelnen Text formulieren und dadurch
    - dich selber motivieren und
    - zielgerichtet und Zeit sparend daran arbeiten.
- kannst du das Gelesene besser behalten.

Die 5-Schritt-Methode auf einen Blick:

1. Schritt: **Überblick gewinnen**

2. Schritt: **Fragen an den Text stellen**

3. Schritt: **Lesen**

4. Schritt: **Fragen beantworten**

5. Schritt: **Wiederholen**

1. Schritt: Überblick gewinnen

Bei einem Buch
- Schaue dir den Buchumschlag genau an:
    - den Titel (und Untertitel)
    - das Titelbild
    - das Bild der Autorin/des Autors*
- Überfliege
    - den Text über die Autorin/den Autor*
    - die Einleitung*, das Vorwort* oder die 1. Seite
    - das Nachwort*
    - die Textprobe oder Zusammenfassung*
    - die Buchbesprechung*
- Blättere das Buch durch und studiere
    - das Inhaltsverzeichnis
    - die einzelnen Kapitelüberschriften
    - die Bilder und/oder Grafiken*
- Entscheide:
    - Ist das ganze Buch für deine Arbeit geeignet?
    - Kannst du einzelne Kapitel, Textpassagen oder Bilder daraus brauchen?
      Falls ja: Leihe es dir aus.

 Lege Post-it-Zettel auf die brauchbaren Stellen bzw. in die Seiten.

Bei einzelnen Texten aus Büchern oder auf Blättern
- Schaue dir den Titel und die einzelnen Untertitel an.
- Studiere die Bilder und Grafiken. Überfliege den Text darunter.
- Entscheide:
    - Ist der ganze Text für deine Arbeit geeignet?
    - Kannst du einzelne Stellen oder Bilder brauchen?
      Falls ja, kannst du Wichtiges mit Bleistift anzeichnen.

* sofern vorhanden

1. Schritt: Überblick gewinnen am Beispiel Buch

Vorder- und Rückseite der Bücher anschauen

Ein Buch zu lesen ist etwas Aufregendes. Aber auch die Welt der Bücher selbst ist ein aufregendes Abenteuer. Woher bekommt ein Autor seine Ideen? Was passiert in einem Verlag? Wie kommt der Text ins Buch? Wo und wie werden Bücher gedruckt? Und wie gelangt das Buch schließlich in die Buchhandlung?

Frank Littek erklärt Geschichte und Gegenwart des Buches. Von den Schreibstuben der Klöster bis zum computergesteuerten Layout, von den Mönchen und Kopisten des Mittelalters bis zum modernen Autor erklärt er anschaulich und kindgerecht alte und neue Technologien und Arbeitsweisen.

Ein spannendes Sachbuch über Bücher und das Büchermachen.

Wer war Henne Gensfleisch und wie sah die Zeit aus, in der er lebte?
Wie wurden bis ins zwanzigste Jahrhundert Bücher gedruckt?
Wie wird das heute gemacht?
Warum sind Zwiebelfische eine ausgestorbene Art?
Was verbindet einen Metteur und einen Computer?
Wie hilft die blinde Kuh beim Surfen?
Was braucht man, um eine eigene Homepage zu gestalten?

Johannes Gutenberg wurde vor 600 Jahren in Mainz geboren. Seine Erfindung hat seine Zeit so sehr verändert wie Desktop Publishing und Internet die Gegenwart. Die Autoren haben sich auf eine Zeitreise in die Welt der Bücher und Computer begeben und spannende Reportagen und Informationen zusammengetragen; zusammen mit dem „Bunten Lexikon der schwarzen Kunst" im Mittelteil ergibt dies ein umfassendes Schmöker- und Nachschlagewerk für Bücherfreunde und Internet-Userinnen jeden Alters.

Inhaltsverzeichnisse studieren

2. Schritt: Fragen an den Text stellen

Notiere stichwortartig auf ein Blatt Papier:
- was du schon über das Thema weisst.
- was du alles erfahren willst, auf welche Fragen du eine Antwort suchst.
  was du gerne die Autorin/den Autor fragen würdest, wenn du die Gelegenheit hättest, sie/ihn zu treffen.
  Falls du mit dem Fragenstellen Schwierigkeiten hast, kannst du mit den so genannten W-Fragen vorgehen:
  – **W**as
  – **W**arum
  – **W**ozu
  – **W**ie
  – **W**er
  – **W**o
  – **W**ann (und weitere Fragen, die mit **W** beginnen)
- welche Erwartungen der Titel des Buches und das Inhaltsverzeichnis bei dir auslösen resp. welche Erwartungen die Titel eines einzelnen Textes bei dir auslösen.

3. Schritt: Lesen

Beginne jetzt, mit deinen Fragen das Buch/den Text abschnittsweise zu lesen.
- Schalte immer wieder kleine Pausen ein. Stelle dir das Gelesene bildlich wie einen Film vor.
- Erfinde anschauliche Beispiele für theoretische Stellen.
- Versuche das Gelesene mit deinen eigenen Erfahrungen zu verbinden.
- Versuche im Kopf Antworten auf die vorher gestellten Fragen (2. Schritt) zu finden.
- Wenn gewisse Textstellen für die Lösung deiner Aufgabe nicht ergiebig sind: Versuche sie zu überfliegen.

Lesen und Verarbeiten

2. Schritt: W-Fragen stellen, am Beispiel Buch

Wer war Gutenberg?
Was hat er gemacht?
Warum hat er das gemacht?
Wann hat er gelebt?
Wo hat er gelebt?
Was hat er mit dem www zu tun?

3. Schritt: Anschauliche Beispiele erfinden, am Beispiel Sachtext 1

Die Attrappe eines Gehirns am Anfang macht zunächst klar, worauf es nicht ankommt bei unserem Denkorgan: nämlich auf die <u>zum Körpergewicht relative Masse.</u> Dann nämlich würden uns viele Tiere im Denken klar übertrumpfen. Hätte ein <u>Eichhörnchen</u> beispielsweise das <u>Durchschnittsgewicht eines Menschen,</u> wöge sein <u>Gehirn etwa 50 Prozent mehr als unseres.</u>
Drei Kriterien muss eine Handlung aufweisen, wenn sie als denkerische Leistung gelten soll:
Ein echter Denker macht sich ein «geistiges Bild», er verfolgt ein Ziel und er beweist Flexibilität. Anhand einer Grafik werden die Punkte…

	Körper	Gehirn
Mensch	50 kg	2 kg
Eichh.	50 kg	3 kg

(Zahlen angenommen)

Eichhörnchen hat also im Vergleich zum Menschen ein viel grösseres Gehirn. Mensch ist aber klüger!

Gelesenes mit eigenen Erfahrungen verbinden

Das Gehirn von meinem kleinen Bruder ist doch viel leichter als meins. Ich bin viel klüger als er. Warum sagen die dann, dass es auf das Gewicht nicht ankommt?

4. Schritt: Fragen beantworten

- Wiederhole in Gedanken nach jedem grösseren Abschnitt, was du gelesen hast. Stelle dir vor, dass du den Inhalt einer anderen Person erzählst.
  Überlege dir dabei, welche Gedanken und Begriffe des Textes besonders wichtig sind.
- Beantworte schriftlich die Fragen, die du im 2. Schritt gestellt hast.
- Fasse das Wichtigste, ohne nachzuschauen, in eigenen Worten zusammen.
  Lass am Blattrand und unten auf deinem Notizblatt Platz für Ergänzungen.

5. Schritt: Wiederholen

- Überfliege den Abschnitt/das Kapitel nochmals und überprüfe, ob dir beim Zusammenfassen oder beim Beantworten deiner Fragen Wesentliches entgangen ist.
- Ergänze deine Notizen, wo nötig.
- Wähle je nach Aufgabenstellung (Vortrag, Zusammenfassung etc.) eine der folgenden Überarbeitungsmöglichkeiten:
  - Veranschauliche den zusammengefassten Inhalt durch Skizzen, Mindmaps, Tabellen etc. → S. 64–75
  - Markiere in deiner Zusammenfassung die Kernaussagen.
  - Erstelle Karteikarten mit den wichtigsten Fragen und Antworten zum Text.
- Vergleiche nun dein neu erworbenes Wissen über das Thema mit deinen Fragen. Überprüfe dein Leseziel: Hast du Antworten erhalten? Stellen sich neue Fragen? Wenn Fragen offen sind: Suche neue Quellen.

4. Schritt: Fragen beantworten, am Beispiel Buch

Wer war Gutenberg?	*der Erfinder des Buchdrucks*
Was hat er gemacht?	*s. oben*
Warum hat er das gemacht?	*er war ein Tüftler*
Wann hat er gelebt?	*im 15. Jahrhundert*
Wo hat er gelebt?	*in Nürnberg, Bayern*
Was hat er mit dem www zu tun?	*seine Erfindung war der erste Schritt, der zu dieser Entwicklung führte*

5. Schritt: Wiederholen, am Beispiel Sachtext 2

Die Schweiz verfolgt ein ganz anderes Konzept. Schon 1848 wurden drei Landessprachen in der Verfassung verankert. Damit stand unser Land europaweit allein auf weiter Flur.
Die französischen Nationalstaaten hingegen rotteten das Patois – ihre Volksmundart – systematisch aus.
1938 kam Rätoromanisch als vierte Landessprache hinzu. Vier Landessprachen, das ist bis heute einzigartig in Europa.
International gesehen ist das aber gar nichts, denn Indien kennt Dutzende von Landessprachen, Südafrika deren elf.

Skizze zu oben

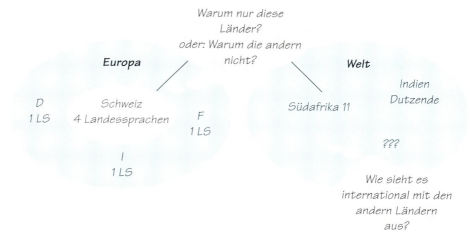

Überfliegen

Damit
- verschaffst du dir einen ersten Eindruck von einem Text.
- findest du Informationen, ohne dass du alles liest.

Überfliegen eignet sich für das Suchen von Informationen in:
- Nachschlagewerken wie Duden, Lexika
- Fahrplänen, Telefonbüchern, Katalogen
- Zeitungen, Illustrierten
- Büchern, Sachtexten
- Internet

Vorgehen
- Achte auf Begriffe, die dich interessieren.
- Lies dabei nicht alles. Du brauchst auch nicht alles zu verstehen.

Weise den Augen den Weg durch den Text, indem du mit dem Zeigefinger – in regelmässigem Tempo – senkrecht nach unten oder diagonal von oben links nach unten rechts fährst.

Lesen und Verarbeiten

Überfliegen

Grafiken lesen und interpretieren – Säulen- und Kreisdiagramm

Säulen- und Kreisdiagramme vergleichen Zahlenwerte.
Das Säulendiagramm stellt Grössenverhältnisse dar.
Das Kreisdiagramm stellt Anteile im Verhältnis zur Gesamtmenge (=100%) dar.
Ergebnisse von Umfragen werden oft in Kreisdiagrammen dargestellt.

1. Lies den Titel oder die Beschriftung der Grafik.

2. Formuliere, was dargestellt wird.

3. Mache Aussagen über die einzelnen Mengen der Grafik.
   – Was fällt dir auf?

4. Mache Aussagen zum Gesamtbild.
   – Wie stehen die einzelnen Mengen zueinander?
   – Wo gibt es Unterschiede/Gemeinsamkeiten zwischen den Mengen?

5. Setze dich mit der Grafik als Gesamtes auseinander.
   – Was bedeuten die in 4. gefundenen Aussagen deiner Meinung nach?
   – Formuliere Hypothesen (Annahmen) und stelle Fragen zur Grafik.
   – Diskutiere mit Kolleginnen/Kollegen, beschaffe evtl. weitere Informationen.

Lesen und Verarbeiten

Grafiken lesen und interpretieren: Säulendiagramm
1. *Drogenbeschlagnahmungen in der Stadt Zürich*
2. Die Grafik zeigt die Menge der beschlagnahmten Ecstasy-Pillen in der Stadt Zürich in den Jahren 1995 bis 2000.
3. 1995 wurden 2000, 1996 4000, 1997 3000 und 1998 31 000 Tabletten beschlagnahmt. 1999 waren es 5000 und im Jahre 2000 12 000 Tabletten. Bei weitem am meisten Ecstasy-Pillen wurden also 1998 beschlagnahmt, ein Mehrfaches der Jahre zuvor. Ein Jahr darauf sank die Zahl markant, stieg im Jahr 2000 allerdings wieder auf 12 000 an.
4. Die Menge der beschlagnahmten Pillen ist ab 1995 angestiegen. Spitzenjahr war mit Abstand 1998.
5. Hypothesen: – 1998 waren am meisten Ecstasy-Pillen auf dem Markt.
                  – 1998 hat die Polizei am meisten Kontrollen gemacht.
   Fragen: – Warum sind 1999 wieder so viel weniger Pillen beschlagnahmt worden?
            – Ist 1998 auch viel konsumiert worden, wenn viel beschlagnahmt worden ist? Liegt es vielleicht daran, dass die Polizei mehr kontrolliert hat?

Grafiken lesen und interpretieren: Kreisdiagramm
Umfrage
1. *Haben Sie Angst vor Handystrahlung?*
2. 1115 Leute wurden im Mai 2001 von der Zeitschrift «Stern» gefragt, ob sie Angst vor Handystrahlung hätten.
3. 7,4 Prozent antworteten mit Ja und benutzten kein Handy. Weitere 35,2 Prozent antworteten ebenfalls mit Ja, benutzten aber trotzdem eines. 38,2 Prozent gaben an, keine Angst zu haben. Weitere 19,2 Prozent sagten weder ja noch nein, weil sie gar kein Handy hatten.
4. 42,6 Prozent (35,2 + 7,4) gaben an, Angst vor Strahlung zu haben. Das ist beinahe die Hälfte der Befragten. 38,2 Prozent behaupteten, sie hätten keine Angst, und 19,2 Prozent blieben neutral. Es gab mehr Leute, die sagten, sie hätten Angst, als solche, die angaben, keine Angst zu haben. Nur ein kleiner Teil zieht aber daraus die Konsequenz und telefoniert tatsächlich nicht.
5. Hypothesen: – Die Strahlung ist tatsächlich vorhanden.
                  – Die meisten befragten Leute glauben auch, dass Handys strahlen.
   Fragen: – Warum telefonieren so viele Leute mit Handys, obwohl sie Angst vor der Strahlung haben?
            – Ist es den meisten egal, ob sie verstrahlt werden?

Textstellen markieren

Du markierst durch Übermalen oder Unterstreichen. Wenn das Buch nicht dir gehört, markierst du auf Kopien. Was du markierst, hängt von der Art des Textes und der Aufgabenstellung ab.

Kernaussagen

Kernaussagen sind die wesentlichen Aussagen eines Textes. Das können Wörter oder Wortgruppen sein, die oft mehrfach im Text vorkommen. Auch Titel und Untertitel enthalten oft Kernaussagen.

Mit Hilfe der markierten Kernaussagen kannst du
- bereits Gelesenes schnell nochmals überfliegen.
- einen Text zusammenfassen.

- Überfliege den ganzen Text. Informiere dich so über Handlung und Aufbau.
- Lies den ersten Abschnitt durch, markiere aber noch nicht. Fasse das Gelesene in Gedanken zusammen.
- Lies den Abschnitt nochmals durch. Markiere dann die Kernaussagen.
- Verfahre gleich mit den folgenden Abschnitten.
    - Markiere sparsam. Nicht mehr als 10% des Textes.

Ausgewählte Informationen

Du willst einem Text Informationen entnehmen, z.B.
- zu bestimmten Suchbegriffen: Wähle pro Begriff eine Farbe.
- Antworten auf Fragen, die du an den Text stellst: Stelle nicht mehr als vier Fragen aufs Mal. Benutze pro Frage eine Farbe.

Das Markieren der ausgewählten Informationen geschieht oft anschliessend ans Markieren der Kernaussagen.

Für die ausgewählten Informationen kannst du verschiedene Markierungsschlüssel benutzen. Hier ein paar Vorschläge:

Inhalt/Textsorte	Markierungsschlüssel
Lehrmittel, Fachliteratur	Regeln rot Beispiele blau
Berichte: z.B. Reportage, Zeitungsartikel über ein aktuelles Ereignis, literarische Texte	Personen (Wer) rot Orte und Räume (Wo) blau Zeiten (Wann) grün Handlungen (Was) gelb
Literarische Texte, Sachtexte	Wichtige Nomen
Handlungsreicher Text, es geschieht viel	Wichtige Verben
Text beschreibt, wie etwas aussieht oder woraus es besteht	Wichtige Adjektive

Lesen und Verarbeiten

Kernaussagen markieren

***Drogen machen* seelisch und körperlich abhängig**

Alle Drogen machen seelisch, also psychisch abhängig. *Wie merkt man das? Man hat grosses Verlangen nach Drogen… Man wünscht sich ganz dringend ein Glas Wein… Die Gedanken kreisen um die nächste Flasche Bier… Man muss jetzt unbedingt eine Zigarette rauchen.* Körperlich abhängig *kann man von Alkohol, Opium, Heroin, Heroinersatzstoffen, Kokain, Medikamenten und, etwas langsamer, von Nikotin werden.*

Die Abhängigkeit entsteht, weil der Körper eine so genannte Toleranz gegenüber der Droge aufbaut. Toleranz bedeutet: Der Körper gewöhnt sich daran, dass der jeweilige Stoff in ihm ist, und betrachtet diesen Zustand als normal. Heroin beginnt zu wirken, indem es die Opiatrezeptoren des Nervensystems besetzt. Das sind die Stellen, an denen das Heroin andocken kann.

Nimmt man kein Heroin *mehr, hat aber bereits eine gewisse Toleranz dafür entwickelt, so reagiert der* Körper *mit* Entzugserscheinungen. *Das können Schweissausbrüche, Zittern, Durchfall, Gliederschmerzen, Erbrechen, Schlaflosigkeit, Gereiztheit, Angst oder Verwirrung sein.*

Diese körperlichen Entzugserscheinungen lassen bei fachgerechter Behandlung langsam nach. Nach ein paar Wochen ist das Schlimmste überstanden.

Die Überwindung von seelischer Abhängigkeit *dauert wesentlich länger und ist das* Hauptproblem *aller Süchte.*

Ausgewählte Informationen markieren: Antworten auf Fragen

Fragen: Welche Stoffe machen abhängig?
Wie reagiert der Körper auf Entzug?

Drogen machen seelisch und körperlich abhängig

Alle Drogen machen seelisch, also psychisch abhängig. Wie merkt man das? Man hat grosses Verlangen nach Drogen… Man wünscht sich ganz dringend ein Glas Wein… Die Gedanken kreisen um die nächste Flasche Bier… Man muss jetzt unbedingt eine Zigarette rauchen. Körperlich abhängig *kann man von* Alkohol, Opium, Heroin, Heroinersatzstoffen, Kokain, Medikamenten *und etwas langsamer von* Nikotin *werden.*

Die Abhängigkeit entsteht, weil der Körper eine so genannte Toleranz gegenüber der Droge aufbaut. Toleranz bedeutet, der Körper gewöhnt sich daran, dass der jeweilige Stoff in ihm ist, und betrachtet diesen Zustand als normal. Heroin beginnt zu wirken, indem es die Opiat-Rezeptoren des Nervensystems besetzt. Das sind die Stellen, an denen das Heroin andocken kann.

Nimmt man kein Heroin mehr, hat aber bereits eine gewisse Toleranz dafür entwickelt, so reagiert der Körper mit Entzugserscheinungen. *Das können* Schweissausbrüche, Zittern, Durchfall, Gliederschmerzen, Erbrechen, Schlaflosigkeit, Gereiztheit, Angst oder Verwirrung *sein.*

Markierungsschlüssel am Beispiel: Regeln rot – Beispiele blau

Das Partizip Perfekt wird mit der Vorsilbe ge- und der Endung -t (schwache Verben) oder -en (starke Verben) gebildet.
lachen – gelacht, einkaufen – eingekauft
tragen – getragen, anfangen – angefangen

Randnotizen machen

Randnotizen sind stichwortartige Bemerkungen oder Symbole/Zeichen, die du auf dem Blattrand neben dem Text anbringst.

Damit hältst du Folgendes fest:
- Hauptaussagen des Textes oder
- eigene Gedanken und Fragen, die dir beim Lesen in den Sinn kommen.

Randnotizen helfen dir
- beim Wiedererkennen von Gelesenem.
- beim Zusammenfassen.

Stichwörter

- Überfliege den ganzen Text. Informiere dich so über Handlung und Aufbau.
- Lies den ersten Abschnitt durch, bringe aber noch keine Notizen an. Fasse das Gelesene in Gedanken zusammen.
- Lies den Abschnitt nochmals durch und notiere am Rand:

  – **Hauptaussage:** Worum geht es in diesem Abschnitt, bzw. welche Frage beantwortet der Abschnitt? Die Antwort ist die Hauptaussage und gibt dem Abschnitt einen Titel.

  – **Offene Fragen:** Was verstehst du nicht? Was möchtest du sonst noch wissen?

  – **Ergänzungen und eigene Gedanken:** Was hättest du hier auch noch geschrieben? Was denkst du darüber?

- Verfahre gleich mit den folgenden Abschnitten.

- Schreibe nur Stichwörter und nicht ganze Sätze.
- Notiere nicht in jedem Abschnitt Antworten zu allen drei Punkten. Zu viele Notizen behindern dich nur beim Weiterverarbeiten.

Kopiere Doppelseiten eines Buches auf A3-Format. So erhältst du rund um den Text Platz.

Symbole

Statt mit Stichwörtern kannst du einen Text auch mit Zeichen, Symbolen oder Abkürzungen bearbeiten.
Diese Art von Randnotizen eignet sich besonders, wenn du Texte korrigierst oder kommentierst.
Bei Schülertexten helfen Randnotizen bei der anschliessenden Überarbeitung. Stichworte und Symbole lassen sich auch kombinieren.

Lesen und Verarbeiten

Randnotizen: Stichwörter

Mischformen zwischen Dialekt und Hochsprache wirken heute meist lächerlich und sind deshalb verpönt. Es ist nicht erlaubt, in Schulaufsätzen Dialektwörter zu verwenden. Auch wird es nicht geschätzt, wenn jemand seine Umgangssprache mit hochsprachlichen Ausdrücken durchsetzt.   Mischformen heute verpönt

Das war nicht immer so: Bis ins 19. Jahrhundert sind Mischformen bezeugt. Sie beweisen, dass es anstelle der heutigen Gegensätzlichkeit der beiden Sprachformen früher ein Zusammenspiel zwischen Dialekt und Hochsprache gab.   19. Jh.: Mischformen üblich

Der Kuriosität halber sei hier auf zwei Mischformen hingewiesen, die heute noch vorkommen und von Satirikern und Kabarettisten gerne aufgegriffen werden.   Wie hat das getönt? Warum hat sich das im 20. Jh. geändert?

Im so genannten Grossrats- oder Bundeshausjuristendeutsch bedient sich der Sprecher im Prinzip des Dialekts. Politische und verwaltungstechnische Begriffe werden im hochdeutschen Lautstand, aber mit betont schweizerischer Färbung ausgesprochen: Mischformen heute

Bundeshausdeutsch!

Bundeshausdeutsch: 1
Schwizerdütsch: 2
Hochdeutsch: 3

1 De Bundesrat het geschter in seyner Sitzung beschlosse…
2 De Bundesrat het geschter i synere Sitzig beschlosse…
3 Der Bundesrat hat gestern in seiner Sitzung beschlossen…

Das tönt jetzt so öppis vo bireweich!

Randnotizen: Symbole

nett gewesen, aber das könnte ja schnell ändern, wenn man zum Beispiel die <u>Aufgaben vergisst</u> und zu spät in die Schule kommt. Ich hatte bis jetzt Glück, danke dass du <u>mich gewarnt hast</u>. Ich fand es toll, dass ihr uns allen einen Brief geschrieben habt. Die ganze Klasse war sehr überrascht über die Mühe, die ihr extra

! bin nicht einverstanden
? komme nicht draus
… komischer Satz
☺ gefällt mir
…
…
…

Texte zusammenfassen

Bei einer Zusammenfassung wird der Text in seinem Umfang gekürzt.
Du ermittelst dafür
- den wesentlichen Inhalt des Textes und
- gibst diesen in knapper Form wieder.

Die Zusammenfassung hilft,
- einen Inhalt besser und länger behalten zu können.
- eine Menge von durchgesehenem Material in eine überschaubare Form zu bringen.

Einen Text zusammenfassen kannst du auf verschiedene Arten.
Im Folgenden werden ein paar häufig benutzte Verfahren dargestellt.

Mit W-Fragen

Dieses Verfahren eignet sich besonders für Texte, in denen viel passiert, insbesondere Zeitungsartikel, Abenteuerbücher etc.
- Stelle kurz formulierte W-Fragen mit:
    Wer   hat etwas getan? / ist betroffen? / war beteiligt?
    Was   ist passiert? / ist gemacht worden?
    Wann   ist es passiert?
    Wo   …?
    Wie   …?
    Wem   …?
    Warum   …?
    etc.
- Stelle die Antworten z.B. in einem Wortigel dar. In der zweiten Reihe kannst du Zusatzinformationen angeben. Diese ergänzen die direkten Antworten auf die W-Fragen.
- Schreibe dann eine Zusammenfassung mit den Informationen aus deiner Darstellung.
    Je länger diese sein soll, desto mehr W-Fragen werden darin beantwortet. Wenn sie relativ lang ist, enthält sie auch Zusatzinformationen.

Wenn du eine Kurzzusammenfassung schreiben willst, beschränke dich auf 2 bis 4 W-Fragen.

Lesen und Verarbeiten

Ex-Beatle niedergestochen – Täter war geistig verwirrt

London. – Ex-Beatle George Harrison ist in der Nacht auf Donnerstag in seinem Haus von einem Mann überfallen und mit einem Messerstich verletzt worden.

Seine Frau Olivia erhielt einen Schlag auf den Kopf. Harrison wurde nach dem Überfall in ein Spital eingeliefert. Sein Zustand sei stabil, sagte eine Spitalsprecherin am Donnerstag.

Der Täter war am Donnerstag um 4.30 in Harrisons Anwesen in Henley-on-Thames, 50 Kilometer westlich von London, eingedrungen. Das palastähnliche Gebäude ist von einer Mauer umgeben und mit Sicherheitsanlagen geschützt.

Wie der Mann in das Haus gelangen konnte, war zunächst unklar.

George Harrison und seine Frau konnten den Eindringling nach einem längeren Handgemenge überwältigen und ihn bis zum Eintreffen der Polizei festhalten. Der 33-jährige Mann aus Liverpool war offenbar geistig verwirrt. Seine Mutter sagte gestern gegenüber der Zeitung «Liverpool Echo», ihr Sohn leide unter psychischen Störungen. In jüngster Zeit sei er von den Beatles geradezu besessen gewesen; er habe die Gruppe gehasst.

Der Anschlag auf den 56-jährigen George Harrison erregt auch deshalb Aufsehen, weil John Lennon am 9. Dezember 1980 vor seiner Wohnung in New York von einem fanatischen Anhänger erschossen worden ist.

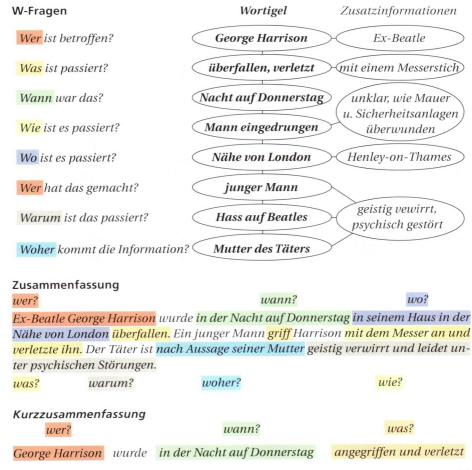

Mit Markieren und Randnotizen

Mit Markieren
Du hast den Text vorgängig markiert. → S. 56
- Überarbeite die markierten Wörter oder Satzteile:
  - Stelle Fragen, die deine Zusammenfassung beantworten soll.
  - Benutze wenn möglich Oberbegriffe.
- Fasse den Text mit Hilfe der Oberbegriffe zusammen und/oder beantworte die gestellten Fragen.

Mit Randnotizen
Falls der Text noch keine Abschnitte hat, teile ihn in solche ein.
Gib den einzelnen Abschnitten Titel, indem du die Hauptaussage herausfilterst.
→ S. 58

Du fragst dich dazu:
- Worum geht es in diesem Abschnitt?

Oder:
- Welche Frage beantwortet der Abschnitt?

Die Antwort gibt dem Abschnitt den Titel.
Formuliere dann mit Hilfe dieser Titel ganze Sätze. Fasse so den Text im gewünschten Umfang zusammen.

Lesen und Verarbeiten

Zusammenfassen mit Markieren

Vita-Parcours

Ein heisser Sommer trieb die ==Wollishofer Männerriege 1967== in den Entlisberg-==Wald==, wo es angenehm kühl zum ==Joggen und für Freiübungen== war. Selbstverständlich benutzte man auch ==herumliegende Äste und Trämel== zum Turnen – mühsam war nur, dass man sie anschliessend wieder dorthin zurückbringen musste, wo man sie hergeholt hatte. Warum nicht einen ==ständigen Wald==turnplatz mit dem Material ==einrichten==, fragte sich der Oberturner.

Er gewann einen ==Sportarzt== und vor allem den ==Stadtforstmeister== für die Idee. Das bald erstellte Konzept sah einen zweieinhalb Kilometer langen ==Parcours== durch zwanzig Posten mit Turnanleitungen vor. ==Fehlte== bloss noch das ==Geld==.

Gefunden wurde es bei der Vita-Lebensversicherung. Am 18. Mai ==1968== wurde der ==erste Vita-Parcours== in der Forrenweid bei der Allmend Fluntern ==eröffnet==, aber die wenigsten bringen ihn in Verbindung mit der Sponsorin.

Markierte Stellen	*Oberbegriffe*
Joggen und Freiübungen	Aussensport
herumliegende Äste und Trämel	herumliegendes Holz
Stadtforstmeister und Sportarzt	Fachleute

Zusammenfassung

Ein Vita-Parcours ist ein Turnplatz im Wald. Für diesen **Aussensport** verwendet man **herumliegendes Holz. Fachleute** haben das Konzept entwickelt.

Fragen beantworten: Woher kommt der Name?

Der Name «Vita-Parcours» geht zurück auf die Vita-Versicherung, die 1967 Geld gab für die Einrichtung des ersten Waldturnplatzes.

Zusammenfassen mit Randnotizen

Vita-Parcours

Ein heisser Sommer trieb die Wollishofer Männerriege 1967 in den Entlisberg-Wald, wo es angenehm kühl zum Joggen und für Freiübungen war. Selbstverständlich benutzte man auch herumliegende Äste und Trämel zum Turnen – mühsam war nur, dass man sie anschliessend wieder dorthin zurückbringen musste, wo man sie hergeholt hatte. «Warum nicht einen ständigen Waldturnplatz mit dem Material einrichten», fragte sich der Oberturner. — **Anlass zur Entwicklung**

Er gewann einen Sportarzt und vor allem den Stadtforstmeister für die Idee. Das bald erstellte Konzept sah einen zweieinhalb Kilometer langen Parcours durch zwanzig Posten mit Turnanleitungen vor. Fehlte bloss noch das Geld. — **Konzept mit Fachleuten entwickelt**

Gefunden wurde es bei der Vita-Lebensversicherung. Am 18. Mai 1968 wurde der ... — **Sponsorin gibt Namen**

Zusammenfassung

Anlass zur Entwicklung des Vita-Parcours war ein heisser Sommertag im Jahre 1967. Die Wollishofer Männerriege ging in den Wald und benutzte zum Turnen herumliegendes Holz. Für einen ständigen Turnplatz wurde zusammen **mit Fachleuten ein Konzept entwickelt.** Die Vita-Versicherung war **Sponsorin und gab den Parcours ihren Namen.**

Texte visualisieren

Die Visualisierung hilft, Inhalte übersichtlich darzustellen, indem sie
- Über- und Unterordnungen aufzeigt.
- Abläufe veranschaulicht.
- Beziehungen aufzeigt.
- Zusammenhänge und Verbindungen verdeutlicht.

Für die Visualisierung benutzt du Kurzaussagen oder einzelne Wörter aus einem Text. Diese kannst du markieren oder unterstreichen, wenn du mit eigenem Material oder mit Kopien arbeitest.

Arbeitest du mit fremdem Material, schreibst du sie heraus.

Die dem Text entnommenen Kurzaussagen erscheinen in der Visualisierung in Blockschrift oder als Symbole/Zeichen.

Es gibt viele Möglichkeiten, Texte zu visualisieren. Du kannst z.B. eine ganz individuelle Skizze machen. Hier werden dir einige der häufigsten normierten Darstellungsarten vorgestellt:
- Delta
- Zeitgerade
- Tabelle
- Säulendiagramm/Kreisdiagramm
- Regelkreis

Delta

Ein Delta visualisiert eine Über- oder Unterordnung in horizontaler Anordnung. Frage dich zuerst:
- Was oder wer ist übergeordnet?
- Was oder wer ist untergeordnet?
- Setze das zentrale Thema (z.B. den Titel) auf der linken Blattseite in die Mitte.
- Notiere die Hauptgedanken (z.B. Untertitel) rechts vom zentralen Thema in einer Reihe untereinander.
  - Ordne sie in regelmässigem Abstand zueinander.
  - Lasse am oberen und am unteren Blattrand und zwischen den Hauptgedanken Platz frei.
  - Verbinde das zentrale Thema und die Hauptgedanken durch Linien.
- Ordne weitere Gedanken (z.B. Schlüsselwörter), die den Hauptgedanken untergeordnet sind, rechts von den Hauptgedanken in einer Reihe untereinander.
  - Ordne diese weiteren Gedanken (1. Ordnung) in regelmässigem Abstand zu einander an.
  - Verbinde Hauptgedanken und weitere Gedanken 1. Ordnung durch Linien.
  - Notiere rechts neben die weiteren Gedanken 1. Ordnung evtl. noch die weiteren untergeordneten Gedanken (weitere Gedanken 2. Ordnung).

Arbeite von oben nach unten, wenn die Reihenfolge der Begriffe der gleichen Kategorie (z.B. der Hauptgedanken) wichtig ist.

Für gewisse Texte eignet sich die vertikale Anordnung besser. Dann spricht man von einem **Baumdiagramm.**

Delta

Bekleidungsgestalter/-in

Tätigkeiten:
Bekleidungsgestalterin und Bekleidungsgestalter für Damenbekleidung fertigen im Atelier massgeschneiderte Damenkleidungsstücke wie Jupes, Blusen, Kleider, Mäntel und Kostüme; für Herrenbekleidung Feinmassanzüge, Mäntel, Tailleurs, Blazer, Hosen, Smokings, Uniformen. Sie beraten die Kundschaft bei der Wahl des Schnittes und des Stoffes. Sie versuchen, die Modeströmung der Persönlichkeit des Kunden anzupassen, immer mit Rücksicht auf deren persönlichen Stil. Manchmal entwerfen sie selbst Modelle. Sie fertigen die Kleidungsstücke von A–Z: Sie erstellen das Schnittmuster, berechnen den Stoffbedarf, schneiden zu, heften und nähen von Hand und mit Maschinen. Zwischendurch gibt es Anproben; es werden allenfalls Änderungen vorgenommen, so dass der Kunde oder die Kundin ein perfekt sitzendes und fein gearbeitetes Kleidungsstück erhält.

Anforderungen:
Abgeschlossene Volksschule.
Für die Tätigkeit ist Freude am Nähen, Freude an Mode und Eleganz, gute Beobachtungsgabe, Farben- und Formengefühl, geschickte Hände, exakte Arbeitsweise, Kreativität, Vorstellungsvermögen und auch etwas Sitzleder wichtig. Das Beraten der Kundschaft erfordert Kontaktfreudigkeit, Einfühlungsvermögen und Geduld.

Dauer/Ort der Lehre:
Die Lehre dauert drei Jahre und wird in einem Atelier oder in einer Fachschule absolviert.

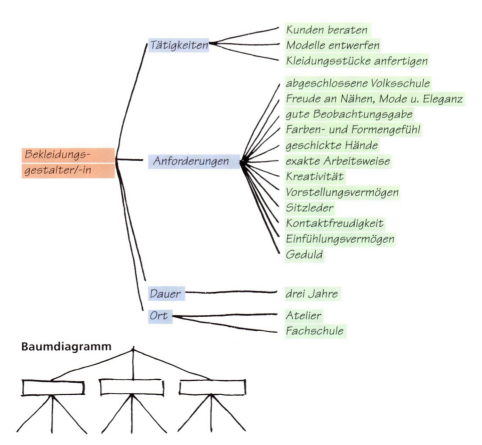

Baumdiagramm

Zeitgerade

Ein Ablaufplan stellt Begebenheiten oder ein Geschehen in einer chronologischen (zeitlichen) oder inhaltlichen Reihenfolge dar. Du arbeitest dabei von links nach rechts.

- Frage: Was geschieht/geschah zuerst, was dann, was darauf … was zuletzt?
  Sammle die Begriffe, die du in eine zeitliche Abfolge bringen willst.
  Kennzeichne die Zeitangaben, sofern solche vorhanden sind.
  Ordne die Begriffe anschliessend chronologisch.
- Falls nötig: Rechne die Zeit zwischen der ersten und der letzten Begebenheit aus. Rechne diese Zeiteinheit in eine metrische Einheit um, z.B. 1 Jahr = 1.5 mm. Achtung: Die ganze Zeitspanne, die du darstellen willst, muss auf einem Blatt Platz haben.
- Zeichne einen Zeitstrahl.
- Trage die Zeitangaben auf dem Strahl ein.
- Schreibe die Begriffe zu den einzelnen Zeitangaben.

Lesen und Verarbeiten

Zeitgerade: Biografie des Schriftstellers Peter Härtling

Peter Härtling wurde 1933 in Chemnitz geboren.
Aufgewachsen ist er in Sachsen, Mähren, Österreich und Württemberg.
Er ging in Nürtingen bis 1952 ins Gymnasium.
Dann arbeitete er kurz mal in einer Fabrik und danach als Journalist. Seit Anfang 1974 ist er freier Schriftsteller.
Er ist mit Mechthild verheiratet, die er schon seit seiner Schulzeit kennt (seit 1947). Vier Kinder haben die beiden; sie heissen: Fabian, Friederike, Clemens und Sophie.
Peter Härtling veröffentlicht seit 1953 Gedichte, Aufsätze, Romane, Erzählungen und Kinderromane, die in mehr als zwanzig Sprachen übersetzt und mit zahlreichen Literaturpreisen ausgezeichnet wurden.
Verfilmt wurden u.a. Peter Härtlings Romane «Oma», «Ben liebt Anna» sowie sein Buch «Krücke».
Als Tonkassette und/oder Schallplatte sind zum Beispiel erschienen: «Das war der Hirbel», «Ben liebt Anna» und «Oma».

Zeiteinheit: 2003–1933 = 70 Jahre
Umrechnung: 1 Jahr = 2 mm

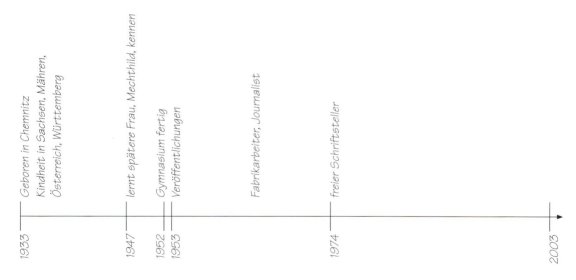

Tabelle

In einer Tabelle ordnest du Inhalte oder stellst Sachverhalte einander gegenüber. Damit kannst du in einem zweiten Schritt Sachverhalte miteinander vergleichen.

- Stelle Fragen:
  Welche Gemeinsamkeiten/Unterschiede bestehen?
  In welcher Beziehung stehen Elemente zueinander?
- Setze einen Titel über die Tabelle.
- Bestimme zwei oder mehr Kriterien. Das sind deine horizontalen (waagrechten) Vorgaben.
  Was soll einander gegenübergestellt werden? Die Anzahl der horizontalen Vorgaben + 1 ergibt die Anzahl der Spalten.
  Verteile diese über das Blatt im Querformat.
  Die Bezeichnung deiner Vorgaben setzt du als Titel über die Spalten. Die erste lässt du dabei frei.
- Bestimme die Kriterien, nach denen du die Elemente ordnen willst. Das sind deine vertikalen (senkrechten) Vorgaben.
- Die Anzahl der vertikalen Vorgaben + 1 ergibt die Anzahl der Zeilen.
  Verteile diese über das Blatt im Längsformat.
  Die Bezeichnung deiner ersten vertikalen Vorgabe setzt du als Titel in die 2. Zeile, die der zweiten in die 3. Zeile etc.
- Fülle die Zellen mit Stichwörtern, indem du vertikale Vorgaben einer horizontalen zuordnest.

Tabelle: Gegenüberstellung von Hochdeutsch und Schweizerdeutsch

*Die Unterschiede im Lautsystem betreffen sowohl die Vokale als auch die Konsonanten. Seinen sprichwörtlich rauen Klang verdankt das Schweizerdeutsche dem häufigen Vorkommen des Reibelautes **ch**, der auch in der Hochsprache auftritt, z.B. in den Wörtern **machen** und **Buch**. Während das germanische **k** in der Hochsprache nur im Wortinnern und am Wortende zu ch geworden ist, kommt es im Alemannischen auch am Wortanfang vor: schweizerdeutsch **chalt**, hochdeutsch **kalt**.*

*Die Laute b, d und g sind im Schweizerdeutschen stimmlos und werden sogar zu unbehauchten **p, t, gg: pitte, tankche, ggans**.*

*Eine andere Eigenart des Schweizerdeutschen betrifft die Aussprache der Konsonantenverbindung **st:** sie wird durchgehend als **scht** ausgesprochen: Mischt (Mist), Ascht (Ast), fescht (fest).*

Die Vokale unterlagen in der Entwicklung vom Mittelhochdeutschen zum Neuhochdeutschen umfangreichen Veränderungen.

Die mittelhochdeutschen Langvokale i/u/ü wurden zu den hochdeutschen Diphthongen ei/au/eu.

Diese Veränderungen haben die Schweiz nicht erfasst. Beispiele dafür sind:

hochdeutsch	schweizerdeutsch
schleichen	schliiche
Haus	Huus
Leute	Lüüt

Titel: Laute im Schweizerdeutschen und im Hochdeutschen

Spalten ↓

Zeilen →

	Schweizerdeutsch	Hochdeutsch
germanisches k	wird zu ch auch am Wortanfang: chalt	nur im Wortinnern und Wortende zu ch: machen, Buch, aber: kalt
b, d, g	stimmlos, p, tt, gg, pitte, tanke, ggans	stimmhaft, bhitte, dhanke, Ghans
st	durchgehend scht: Mischt, Ascht, fescht	am Wortanfang auch scht, im Wortinnern wahrscheinlich nicht: Mist, Ast, fest
i, u, ü	noch wie im Mittelhochdeutschen: schliiche, Huus, Lüüt	ei, au, eu: schleichen, Haus, Leute

Texte visualisieren

Säulendiagramm

Diagramme stellen Zahlenwerte dar. Sie zeigen auf, in welchem Verhältnis die Mengen zueinander stehen.
- Ordne die Zahlen, die verglichen werden sollen, in einer Wertetabelle.
- Rechne die Zahlenwerte in eine passende metrische Einheit (meistens mm) um. Wähle am besten ein dezimales Zahlenverhältnis, z.B. 12 km in Wirklichkeit = 120 mm im Diagramm.
- Ziehe die Basislinie so, dass die grösste Einheit (= grösste Säule) noch darüber Platz hat.
- Trage die berechneten Höhen der Säulen in regelmässigen Abständen zueinander senkrecht zur Basis ein.
  Dabei ist auf eine sinnvolle Reihenfolge zu achten. Trage sie z.B. der Grösse nach ein.
- Färbe die Säulen unterschiedlich. Beschrifte sie, auch mit den Zahlenwerten.

Säulendiagramm: Gefahrene km/Person und Jahr

Der Flug von Zürich nach New York endet statistisch an der französischen Grenze. Wer im Auto von Basel nach Hamburg fährt, hinterlässt in der Schweizer Verkehrsstatistik überhaupt keine Spur, denn diese erfasst nur den Personenverkehr, der sich motorisiert innerhalb der Landesgrenzen bewegt.

Für 1995 verbuchte diese nationale Statistik eine Verkehrsleistung von 98,3 Milliarden Personenkilometern (Pkm). Zählt man den nicht erfassten Fussgänger- und Veloverkehr dazu, erhöht sich die Summe auf **106 Milliarden Pkm.** *Von diesem Inlandverkehr entfallen* **80 Milliarden Pkm** *auf Leute mit Wohnsitz in der Schweiz,* **26 Milliarden Pkm** *auf Leute aus dem Ausland.*

Wertetabelle:

Verkehrsleistung in der Schweiz 1995

Verursacher	Personen-km
In der Schweiz wohnende Personen	80 Mia. Pkm
Im Ausland wohnende Personen	26 Mia. Pkm
Total	106 Mia. Pkm

Umrechnung:

1 Mia. Personen-km = 1mm

80 Mia. Pkm	=	80 mm
26 Mia. Pkm	=	26 mm
106 Mia. Pkm	=	106 mm

Kreisdiagramm

Ein Kreisdiagramm stellt dar, welchen Anteil Teilwerte an einer Gesamtmenge haben. Diese Teilwerte bilden Sektoren eines Kreises.
Du sammelst die Teilwerte durch eine Umfrage oder entnimmst sie einem Text.
- Ordne die Teilwerte in einer Wertetabelle.
- Zähle die Teilwerte zusammen. Diese Summe entspricht 360° des Kreises.
- Rechne die Anteile der Teilwerte am Kreis mit einem Dreisatz in Winkelmasse um:
  Summe = 360°
  Teilwert = x
- Zeichne einen Kreis (Ø < 5 cm) und trage alle Teilwerte als Sektoren mit dem Transporteur ab.
- Färbe die Kreissektoren unterschiedlich. Beschrifte sie, auch mit den Zahlenwerten.

Kreisdiagramm

*Unbekannt war bisher, wie viele Kilometer die Personen, die in der Schweiz wohnen, im Ausland fliegen und fahren. Diese Zahl hat der Ökonom Ruedi Meier im Rahmen des Forschungsprogramms Verkehr und Umwelt jetzt abgeschätzt, indem er verschiedene Teilerhebungen konsultierte und hochrechnete. Er kommt damit pro Jahr auf **55 Mia. Pkm** im Ausland. Von den **55 Milliarden Pkm** Verkehrsexport entfallen **nur 15 Mia. Pkm auf Geschäftsverkehr. Der Rest ist** Freizeitverkehr.*

*Schon beim Verkehr der Inländer im Inland **(80 Mia. Pkm) handelt es sich zur Hälfte** um Freizeitfahrten (Ausflüge, Besuche von Bekannten und Veranstaltungen, Ferienreisen etc.).*

Wertetabelle:
Verkehrsleistung von Personen, die 1995 in der Schweiz wohnten
Geschäfts- und Freizeitverkehr

	Geschäftsverkehr in Mia. Pkm	Freizeitverkehr in Mia. Pkm	Total Mia. Pkm
In der Schweiz gefahrene Strecke	40 (80 : 2 = 40)	40 (80 : 2 = 40)	80
Im Ausland gefahrene Strecke	15	40 (55 − 15 = 40)	55

Teilwerte zusammenzählen:
80 Mia. Pkm + 55 Mia. Pkm = 135 Mia. Pkm

Umrechnung in Winkelmasse:
135 Mia. Pkm = 360°
 40 Mia. Pkm = 106° (abgerundet)
 15 Mia. Pkm = 40°

Export von Verkehr ins Ausland

Geschäftsverkehr im Ausland: 15 Mia. Pkm

Geschäftsverkehr in der Schweiz: 40 Mia. Pkm

Freizeitverkehr im Ausland: 40 Mia. Pkm

Freizeitverkehr in der Schweiz: 40 Mia. Pkm

Regelkreis

Der Regelkreis visualisiert Beziehungen, Konsequenzen, Folgen und Rückkoppelungen. Du benutzt ihn, wenn du zeigen willst, wie verschiedene Elemente aufeinanderwirken.
- Sammle/Kennzeichne die Begriffe, die miteinander in Beziehung stehen. Schreibe den ersten Begriff auf die linke Blatthälfte oberhalb der Mitte. Umrahme ihn.
- Zeichne einen Pfeil nach rechts. Setze an dessen Ende einen zweiten Begriff, der vom ersten direkt beeinflusst wird.
- Trage kreisförmig um die Blattmitte herum weitere Begriffe ein. Verdeutliche deren Einfluss auf die vorigen mit einem Pfeil.
- Schliesse den Kreis mit dem letzten Begriff.
- Trage dem Kreislauf entgegenwirkende Kräfte an der geeigneten Stelle ein. Der Pfeil weist in diesem Fall in die Gegenrichtung.

Falls du deinen Regelkreis anderen zugänglich machen willst, ist meistens eine mündliche oder schriftliche Erläuterung dazu nötig. Deine Überlegungen sind sonst für andere schwer nachvollziehbar.

Regelkreis: Folgen des Freizeitverkehrs

Bedenklich ist nicht nur der Umfang des Freizeitverkehrs, der mit seinem hohen Anteil an Flügen und Autofahrten die Umwelt überdurchschnittlich belastet, sondern auch sein starkes Wachstum. So steht der Wunsch, «mehr Reisen und Ausflüge» zu unternehmen, an der Spitze der Freizeitinteressen, während verkehrsarme Freizeittätigkeiten wie Heimwerken oder Gartenarbeit weniger Anklang finden. Das zeigt eine Erhebung der Universität Bern.

Schäden begrenzen

Im Bereich **Freizeitverkehr** *zeichnet sich ein Konflikt ab. Auf der einen Seite steht die Tourismusbranche. Sie ist daran interessiert, dass immer mehr Leute möglichst viel und weit weg in die Ferien fliegen. Auf der anderen Seite stehen die Bedürfnisse der Bevölkerung nach Ruhe und sauberer Luft. Der zunehmende Verkehr bringt immer mehr* **Umweltbelastung** *(Lärm und Luftverschmutzung) mit sich. Dies wiederum führt dazu, dass noch mehr Menschen ihre Ferien weit weg von den lärmgeplagten Städten verbringen wollen: ein Teufelskreis!*

Aus dieser Erkenntnis heraus drängen sich Massnahmen auf, die den **Energieverbrauch,** CO_2**-Ausstoss,** *Lärm und weitere* **Umweltbelastungen** *vermindern sollen. Ein Vorschlag lautet, Abgaben in begrenzter Höhe auf Treibstoffe* **(Energiesteuer)** *oder CO_2-Emissionen zu erheben.*

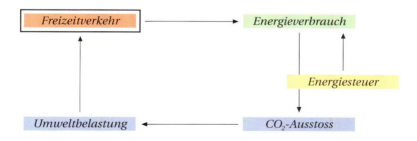

Informationen beschaffen

Informationen beschaffen beim Lesen

Wenn du beim Lesen etwas besser verstehen willst oder musst, kannst du jemanden fragen oder nachschlagen.

Für das Nachschlagen gilt generell:
- Suche während des Lesens nur nach dem, was unbedingt notwendig ist. Das sind z.B. Begriffe, die
  – immer wieder vorkommen in einem Text.
  – dem Weiterlesen dienen.
  – für das Vornehmen einer Handlung wichtig sind.

Nachschlagen ist immer eine Unterbrechung des Lesevorgangs!
- Bevor du nachschlägst: Lies nach der schwierigen Stelle noch etwas weiter. Vielleicht verstehst du sie im Zusammenhang.
- Nimmt dich ein Begriff wunder oder willst du ihn in deine Lernkartei aufnehmen? Unterstreiche ihn mit Bleistift und schlage ihn anschliessend an die Lektüre nach.

Nachschlagen kannst du:
- **in Wörterbüchern, Lexika, fachspezifischen Nachschlagewerken**
  Die Wörter sind meist alphabetisch geordnet. Wenn nicht: Schlage hinten im Register nach. Dort sind sie alphabetisch geordnet.
- **in Schul- und Sachbüchern**
  Begriffe sind hinten im Register alphabetisch geordnet. Gibt es kein Register: Überfliege das Inhaltsverzeichnis.
  Wenn du auch so den Begriff nicht findest: Versuche den Begriff auszuweiten (Siamkatze → Katze) oder probiere Wörter mit ähnlicher Bedeutung aus.
- **auf CD-ROMs, im Internet**
  Einige Nachschlagewerke sind auf CD-ROMs erhältlich. Du hast auch auf dem Internet Zugang zu Nachschlagewerken. Für Lexika und Wörterbücher versuche es z.B. unter www.iicm.edu/meyers. Klicke Profisuche an. Gib dann den gesuchten Begriff ein. Genauere Informationen sind im Internet zum Teil kostenpflichtig.

Meistens genügt ein allgemeines Nachschlagewerk, z.B. der Wahrig oder der Duden. Detailliertere Auskünfte findest du in Spezialwörterbüchern oder Lexika. In einem etymologischen Wörterbuch steht beispielsweise, woher ein Wort kommt. Diese Nachschlagewerke findest du in der Mediothek.

Lesen und Verarbeiten

Begriffe, die immer wieder vorkommen und zum Textverständnis unbedingt notwendig sind

Der Lebensstil eines Menschen hinterlässt Spuren in der Umwelt. Aber nicht alle Menschen hinterlassen gleich grosse und gleich viele «Fussabdrücke». Zum Verdeutlichen dieses Gedankenmodells dient das **Treibhausgas Kohlendioxid (CO_2)**.

Damit die Natur langfristig im Gleichgewicht bleibt, müsste die Schweizer Bevölkerung ihre Produktion an **CO_2** fünfmal verkleinern. Oder anders gesagt: Der Schweizer Fussabdruck ist fünfmal zu gross, was unseren Anteil an **Kohlendioxidausstoss** angeht.

Worterklärungen (im Lehrmittel hinten)

Kohlendioxid
Auch Kohlenstoffdioxid. Farb- und geruchloses Gas, ungiftig. Entsteht z.B. bei der Verbrennung von Holz, Erdöl oder Erdgas; mehr CO_2 in der Luft führt zur Erwärmung der Atmosphäre (Treibhauseffekt).

Begriff, der für eine Handlung verstanden werden muss

Füllung	**Wahrig Deutsches Wörterbuch**
6 EL gemahlene Nüsse	
½ Zitrone	helle, grosse, kernlose Rosine (zu Sultan,
2 EL Zucker	weil sie als besonders fürstlich gilt)
1 EL **Sultaninen**	

aha! Wiibeerli!

Begriff, der nach der Lektüre nachgeschlagen wird   *was heisst das?*

… Ursel hat schon dreimal Pech gehabt. Heidi macht keinen **Hehl** daraus.

Duden, die deutsche Rechtschreibung

Hehl, das u. der; nur: kein, auch keinen Hehl daraus machen (es nicht verheimlichen)

heisst also: **keinen Hehl machen** = *Heidi* **verheimlicht nichts**

Informationen beschaffen bei Recherchen

Recherchieren für Vorträge und Projekte kannst du
- in der Mediothek
- im Internet
- durch weitere Quellen

In der Mediothek
findest du
- Printmedien
- elektronische Ton- und Bildträger
- Bildmedien

Den Aufbau der Mediothek überblicken
Mediotheken verwenden visuelle Wegweiser:
- verschiedenfarbige Kleber auf jedem Medium:
  - bei Büchern für Kinder gelb, für Jugendliche rosa und für Erwachsene blau
  - für Belletristik hellere und für Sachliteratur dunklere Farben (gilt für deutschsprachige Bücher!)
  - verschiedene Signaturen auf dem farbigen Kleber als eine Art Adresse
- Bei Medien mit belletristischem Inhalt stehen die vier ersten Buchstaben für die Verfasser (z.B. KÄST für Kästner). Sie sind alphabetisch in den Gestellen geordnet.
- Fachmedien haben Ziffern. Tafeln vor den Gestellen zeigen dir an, an welchem Ort sich was befindet (z.B. Biografie über Pablo Picasso: 92 PICA).
- In gewissen Mediotheken sind die Medien nach Themenkreisen geordnet.

Nach Medien suchen
Das gesamte Medienangebot findest du auf dem Computer. Du hast folgende Möglichkeiten, herauszufinden, ob sich ein Medium in der Mediothek befindet:
- Wenn du den Urheber (z.B. die Autorin, den Herausgeber) kennst: Gib seinen Nachnamen ein.
- Wenn du den Titel kennst: Gib ein oder mehrere Wörter daraus ein.
- Wenn du Material zu einem bestimmten Thema suchst: Gib einen Stoffkreisbegriff oder ein Schlagwort ein (z.B. Behinderung, Berufe, Comics, Indianer).

Falls du etwas nicht findest: Ändere deine Suchstrategie.

Wenn du im Computer Medien gefunden hast:
- Schreibe die Signaturen auf.
- Suche die Medien nach den Signaturen in den Gestellen, d.h.
  - nach den ersten vier Buchstaben des Verfassernamens bei Medien mit belletristischem Inhalt.
  - nach Ziffern bei Medien mit sachlichem Inhalt.
- Durchstöbere die angegebenen Medien nach Brauchbarem.

Wenn du dich nur grob über ein Thema informieren willst: Blättere einfach Lexika und andere Nachschlagewerke durch.

Lesen und Verarbeiten

Beispielseite Harry Potter

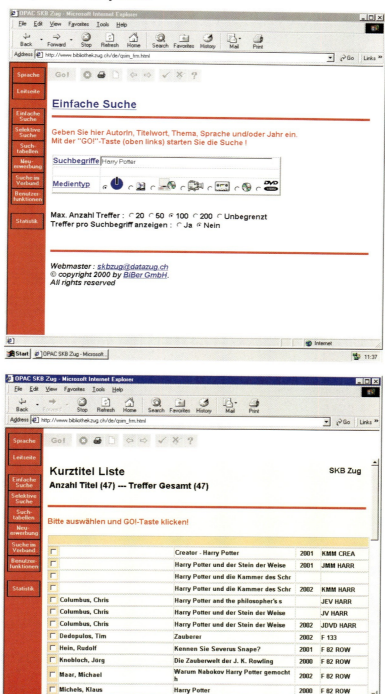

Im Internet
Wenn du Informationen zu Begriffen suchst, schaust du im Internet in:
- Suchmaschinen
- Katalogen
- Websites/Archiven

Suchmaschinen
finden durch die eingegebenen Stichwörter heraus, ob
- eine Firma, Person oder Institution überhaupt im Internet ist oder
- es zu einem speziellen Gegenstand oder Thema im Internet Informationen gibt.

Du suchst damit auch nach Dokumenten, in deren Text eine bestimmte Wortfolge oder ein bestimmtes Stichwort vorkommt.
Bsp. Stichwörter: *Biografie Muhamed Ali, Robotop AG, Drogenkonsum Schweiz etc.*

Kataloge
bieten Informationen zu Hobbys, verschiedenen Wissensgebieten und Fachthemen. Du gibst eher allgemeine Begriffe ein.
Bsp. Begriffe: *Sport, Politik, Musik, Reisen, Astronomie, Geschichte etc.*

Homepages/Archive
Viele Zeitungen und Zeitschriften haben ihre Artikel ab ca. 1995 elektronisch archiviert. Diese Archive zu durchstöbern lohnt sich, wenn du Artikel, Bilder und Grafiken brauchst zu Themen wie:
- Mensch und Umwelt
- Prominenz
- Buch- und CD-Besprechungen

Für Referate oder Diskussionen sind die Archive eine sehr gute Quelle. Hier findest du (fast) alles, was aktuell gehandelt oder verhandelt wird.
Bsp. für Adressen: www.tages-anzeiger.ch, www.weltwoche.ch, www.facts.ch, www.stern.de etc.

Ausserdem: Lehrstellen
Den Link zum Lehrstellennachweis deines Kantons bekommst du unter: www.berufsberatung.ch.
Auch auf Websites von Firmen gibt es Links zu Stellen.
Gib in eine Suchmaschine den Namen einer Firma ein. Wenn sie eine Website hat, kommst du so zur Adresse.

Lesen und Verarbeiten

Suchmaschinen

Kataloge

Homepages / Archive

Suchstrategien

Im Internet suchst du nicht mit Wörtern, sondern mit **Begriffen** nach Informationen. Für ein und dieselbe Sache gibt es meist *mehrere Begriffe* bzw. mehrere Schreibweisen.

Reisen OR *Tourismus*
Bäume OR *Pflanzen*
Redaktor OR *Redakteur*

Bevor du eigentliche Informationen suchst, *notiere* zuerst **Begriffe.**
Thema: Alpwirtschaft
Käse, Senn, Alpaufzug, Alpabfahrt, Kühe etc.

Dazu kannst du zuerst einige Websites in Katalogen oder Online-Magazinen besuchen.
Auch ein Synonymwörterbuch kann weiterhelfen.
Drucke gute Websites zum Thema aus und markiere dort die Begriffe.
Unter www.onlinekiosk.com findest du tausende Zeitschriften, die kategorisiert sind. So kannst du in diesen nach Sachgruppen, Titeln und Ländern suchen.

Mit den Wörtern **AND, OR** und **NOT** kannst du bei Suchmaschinen Meldungen eingrenzen. (Bei deutschsprachigen Suchmaschinen kannst du selbstverständlich auch UND, ODER, NICHT verwenden.)
Dies nennt sich Boole'sche Suchstrategie. Du kannst sie von Anfang an anwenden, spätestens aber, wenn du zu viele Treffer landest.
Boxen AND *Muhamed Ali*
Du bekommst eine Website, die beide Begriffe enthält.

Pflanzen OR *Bäume*
Du bekommst Dokumente, die entweder den einen oder den anderen Begriff enthalten.

NOT sagt der Suchmaschine, dass nach allem gesucht werden muss, ausser dem genannten Begriff.
Kohl UND *Gemüse* NICHT *CDU*
Du bekommst so nur Informationen zum Gemüse, nicht zum ehemaligen deutschen Bundeskanzler.

Lesen und Verarbeiten

Wenn du zu viele Ergebnisse erhältst
- Suche einen Unterbegriff zu deinem Begriff
  Fussball anstatt *Sport*

- Schaue zuerst auf einer Website, die mit deinem Begriff zu tun hat
  Zu *Menschenrechte* schau dir z.B. die Website von Amnesty International an. Auf Websites, die mit deinem Thema zu tun haben, findest du meistens nützliche Hinweise zur Weitersuche.

- Arbeite mit AND, OR, NOT
  Luftverschmutzung AND *Abgase* OR *CO2*

- Suche anstatt in einer Suchmaschine in einem Katalog oder umgekehrt
  www.google.ch statt www.yahoo.ch

- Betreibe so genannte Phrasensuche: Setze bei Suchmaschinen (z.B. Altavista) deinen Begriff in Anführungs- und Schlusszeichen
  «*Fussballweltmeisterschaft 1980*»
  Du erhältst nur Homepages, die genau diesen Satz oder diese Wortfolge enthalten.

- Suche nur nach Teilen von Dokumenten
  title: China
  Du erhältst nur Dokumente, auf deren Homepage «China» im Titel erscheint.

Wenn du keine oder zu wenig Ergebnisse erhältst
- Überprüfe die Schreibweise: Tippfehler, andere Rechtschreibung
  Spagetti – Spaghetti

- Suche einen Oberbegriff, ein Synonym oder einen anderssprachigen Begriff
  Planeten statt *Uranus*
  Beschäftigte statt *Belegschaft*
  Bowling statt *Kegeln*, *Tollkirsche* statt *Belladonna*

- Gehe auf eine Metasuchmaschine. Diese suchen in mehreren Suchmaschinen gleichzeitig.
  www.search.com

- Benutze die auf Websites angebotenen (E-Mail-)Adressen oder Telefonnummern und frage an, ob sie dir z.B. auch Material schicken könnten.

Informationen beschaffen

Durch weitere Quellen

Du suchst Informationen zum Thema:	Wende dich telefonisch oder schriftlich an:
Arbeitswelt, Berufe	
• Berufsbilder, besondere Berufe • Arbeitsplatzbeschreibung • Arbeitsbedingungen • Arbeitgeber, Firmen, Betriebe • Ausbildung	• Berufsinformationszentrum (BIZ) • Berufsschulen, Institute • Firmen • Öffentliche Betriebe (SBB, Spital, Heim etc.) • Sekretariate von Gewerkschaften und Berufsverbänden • Berufsleute
Gesellschaft, Politik	
• Familie • Gemeinde, Staat • Parteien • Aktuelle politische Themen • Verkehr, Umwelt, Energie • Medien • Gesundheit (Medizin, Drogen)	• Beratungsstellen wie Familienberatung, Drogenpräventionsstelle, Gesundheitsberatung, Energieberatung • Amtsstellen wie Gemeindeverwaltung, Gesundheitsamt, Strassenverkehrsamt • Parteisekretariate und Gewerkschaften • Politiker/innen, Fachleute • Zeitung, Fernsehen, Radio
Freizeit, Sport	
• Hobby • Sportart • Prominente, Idole, Helden • Musik, Theater, Film	• Hobby- und Sportgeschäft, Gerätehersteller • Verbände und Vereine • Zeitschriften, Zeitung, Fernsehen, Kino • Sportler/innen, Prominente, Fachleute
Geografische Themen	
• Länder, Kontinente, Weltstädte • Tourismus • Spezielle Objekte wie Vulkane, Wasserfälle, Flüsse, Landschaften	• Reisebüros, Freizeitveranstalter • Konsulate, Botschaften, Handelsvertretungen • Transportgesellschaften (Bahn, Bus, Flugzeug) • Zeitschriften, Fernsehen • Vereine, Interessengruppen

Geschichtliche Themen

- Frühere Kulturen, Fundorte
- Erdgeschichte
- Entwicklungsgeschichte (z.B. Auto, Flugzeug, Buchdruck, Computer)
- Geschichte von: Quartier, Gemeinde, Land

- Museum, Sammlungen
- Grossbetriebe mit Vergangenheit
- Gemeindeverwaltung, -archiv
- Universität
- Zeitzeugen

Natur

- Tiere
- Pflanzen
- Lebensräume von Tieren und Pflanzen
- Land- und Forstwirtschaft

- Zoologischer Garten
- Botanischer Garten, Naturparks
- Reiseveranstalter
- Organisationen und Ämter, die sich mit Themen der Natur befassen, wie WWF, SAC, Bundesamt für Landwirtschaft, Forstamt, Landwirtschaftsverbände und -schulen

Wirtschaft

- Verkehr
- Produktion von Gütern (Autos, Maschinen) und Lebensmitteln
- Verkauf, Geld

- Museen (Verkehrsmuseum, Musée d'alimentation, Zollmuseum)
- Produktionsbetriebe, Importeure
- Banken, Handelsschulen
- Transportunternehmen (SBB, Post, Bergbahnen)

Schreiben

Schreiben vorbereiten

Ziele bestimmen

Stil, Inhalt, Form und Korrektheit eines Textes sind von Ziel und Leserschaft abhängig.
- Kläre mit folgenden Überlegungen die Schreibaufgabe:

Überlegungen	Schlage nach unter
Was willst du mit dem Text erreichen?	
Denke dabei auch an die Leserinnen und Leser deines Textes.	
Wähle den entsprechenden Stil.	→ Die Ziele und der Stil S. 104–117
Passe deine Wortwahl an.	→ Die Wörter, S. 122–129
Welche Informationen muss dein Text enthalten?	
Plane entsprechend die nötigen Arbeitsgänge.	→ Inhalte sammeln und ordnen S. 87–97
Baue den Text dem Ziel entsprechend.	
Überprüfe den Text inhaltlich.	→ Inhaltlichen Aufbau überprüfen S. 100
Wie soll der Text gestaltet werden?	
Kläre den Umfang des Textes.	
Gliedere ihn nötigenfalls.	→ Texte gliedern, S. 102
Wähle Hand- oder Computerschrift.	
Entscheide, ob und wie du den Text illustrierst.	
Kläre, ob du dich an eine Vorlage halten musst.	→ Mustertexte, S. 176–191
Wie korrekt muss der Text sein?	
Je «offizieller» ein Text ist, desto korrekter muss er sein (Bsp. Bewerbung!).	
Plane Zeit und Möglichkeit für Korrekturen ein: Frage eine Fachperson an, die den Text korrigiert, wenn er absolut korrekt sein muss. Oder:	
Überarbeite selber oder mit anderen.	→ Techniken, S. 166
	→ Beim Schreiben beraten werden S. 134–135
	→ Formen überprüfen, S. 120

Inhalte sammeln und ordnen

Bei der Planung eines Schreibauftrags gehst du von deinem Vorwissen und deinen Ideen aus.
In diesem Kapitel wird beschrieben, wie du Inhalte sammeln und ordnen kannst. Du kannst das auf verschiedene Arten tun.

Bei den folgenden Verfahren ist jeweils angegeben, für welche Schreibaufgaben und Situationen sie sich besonders eignen.

Bei jedem Verfahren ist es möglich, eine Arbeitspartnerin, einen Arbeitspartner einzubeziehen. → S. 134–135

- Clustering
- Mindmap
- Zettelverfahren
- Stichwörter in einzelnen Zeilen
- Stichwörter in Spalten

Du kannst diese Verfahren auch anwenden, wenn du dich auf eine Diskussion vorbereitest oder ein Referat planst.

Inhalte sammeln mit Clustering und ordnen

Dieses Verfahren eignet sich besonders für Aufgaben, bei denen du eigene Ideen und Gedanken aufschreiben musst. Zum Beispiel:
- Eine Frage klären
- Eine Geschichte erzählen
- Etwas genau beschreiben

1. Schritt: Inhalte sammeln
- Schreibe **das Thema in die Mitte eines leeren Blattes** und umkreise es.
  Das Thema kann ein einzelnes Wort oder ein kurzer Ausdruck sein.
- Schreibe nun jede Idee zum Thema auf und umkreise sie. Gehe vom Zentrum in eine beliebige Richtung. Arbeite rasch.
- Verbinde die Kreise.
  Es entsteht eine Gedankenkette.
- Beginne mit der nächsten Kette wieder im Zentrum.
  Wenn dir gerade nichts einfällt, umkreise das Zentrum, bis dir neue Wörter in den Sinn kommen.

2. Schritt: Wichtiges markieren, Gedankensammlung erweitern

Für das Clustering hast du drei bis fünf Minuten Zeit. Dann erschöpft sich die Ideensammlung.
- Betrachte nun deine Gedankensammlung. Überlege, welche Ideen dir wichtig sind.
- Markiere die Wörter, mit denen du weiterarbeiten willst.
  Dabei entstehen vielleicht neue Ideen. Schreibe sie rasch auf und umkreise sie.

3. Schritt: Reihenfolge festlegen
- Setze die markierten Stichwörter in eine sinnvolle Reihenfolge:
  Nummeriere die markierten Wörter oder
  schreibe die Wörter in der entsprechenden Reihenfolge auf ein Blatt.

Schreiben

Inhalte sammeln mit Clustering und ordnen

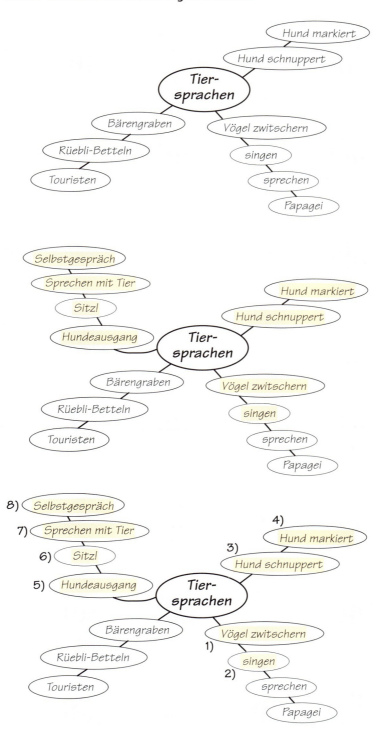

Inhalte sammeln und ordnen mit Mindmap

Dieses Verfahren eignet sich besonders für Aufgaben, bei denen du Wissen und Gedanken aufschreiben und **ordnen** musst. Zum Beispiel:
- Über ein Sachthema schreiben
- Etwas vorbereiten (eine Diskussion, ein Interview)
- Etwas planen und organisieren (einen Vortrag, ein Projekt)

1. Schritt: Inhalte sammeln
- Schreibe/zeichne das Thema in die Mitte eines leeren Papierbogens. Das Thema kann ein einzelnes Wort oder ein kurzer Ausdruck sein.
- Schreibe nun jede Idee zum Thema auf eine Linie, die vom Zentrum ausgeht. Schreibe pro Linie möglichst wenig Wörter. Arbeite rasch.

Nach drei bis fünf Minuten erschöpft sich die Ideensammlung.

2. Schritt: Inhalte ordnen und ergänzen
Die Äste des Mindmaps
- Betrachte nun deine Ideensammlung.
- Suche nach 3 bis 5 Oberbegriffen, die zu deinen Ideen passen. Wenn du die Oberbegriffe nicht in deiner Gedankensammlung findest, denkst du sie dir aus.
- Nimm ein neues Blatt und zeichne/schreibe das Thema in die Mitte.
- Die Oberbegriffe sind die Äste, die vom Zentrum ausgehen. Zeichne sie mit einem dicken Stift.
- Schreibe die Oberbegriffe auf die Äste.

Die Zweige des Mindmaps
- Suche nun in deiner Gedankensammlung nach Wörtern, die zu den Ästen passen.
- Schreibe jedes Wort auf einen Zweig. Du kannst die Wörter auch zeichnen oder zu den Wörtern eine Zeichnung hinzufügen. Dabei entstehen vielleicht neue Ideen. Schreibe sie rasch auf einen Zweig.

 <u>Drehe</u> das Blatt <u>nicht</u> beim Schreiben.

3. Schritt: Inhalte auswählen und Reihenfolge festlegen
- Wähle die Äste, mit denen du weiterarbeiten willst. Nummeriere sie.
- Wähle für jeden Ast die Zweige, mit denen du weiterarbeiten willst. Lege die Reihenfolge fest. Nummeriere die Zweige.

Schreiben

Inhalte sammeln und ordnen mit Mindmap

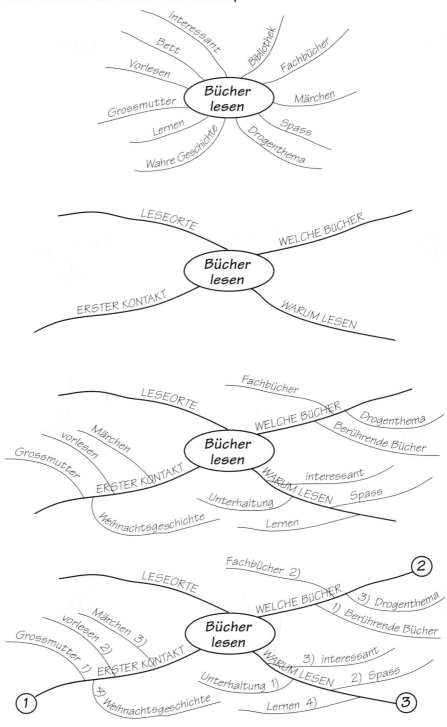

Inhalte sammeln und ordnen mit dem Zettelverfahren
Dieses Verfahren eignet sich besonders für Aufgaben, bei denen du eigene Ideen zu bestimmten Fragestellungen aufschreiben musst.
Du brauchst dazu einen Stapel Zettel, zum Beispiel Post-it-Zettel.

1. Inhalte sammeln
- Schreibe jede Idee zum Thema auf einen Zettel.
- Lege den Zettel auf deine Arbeitsfläche.
- Brauche für jede Idee einen neuen Zettel. Arbeite rasch.

2. Inhalte ordnen und ergänzen
- Suche Zettel mit ähnlichem Inhalt.
- Verschiebe die Zettel, bis sie nach Inhalten geordnet auf deiner Arbeitsfläche liegen.

Beim Ordnen entstehen vielleicht neue Ideen:
- Schreibe für jede neue Idee einen weiteren Zettel.

3. Reihenfolge festlegen
- Wähle zuerst die Reihenfolge der Zettelgruppen aus.
- Gib jeder Zettelgruppe eine Nummer auf einem Zettel.
- Lege in jeder Zettelgruppe die Reihenfolge der einzelnen Zettel fest. Schiebe die Zettel herum, bis du die richtige Reihenfolge hast.
- Nummeriere dann jeden Zettel.

Schreiben

Frage: Was gehört zur Berufswahlvorbereitung?

1. Inhalte sammeln

2. Inhalte ordnen und ergänzen

3. Reihenfolge festlegen

Stichwörter in einzelne Zeilen schreiben

Dieses Verfahren eignet sich besonders für Schreibaufgaben, bei denen du etwas genau beobachten und dann geordnet präsentieren musst.

1. Schritt: Inhalte sammeln
- Schreibe deine Beobachtungen in Stichwörtern auf.
 Verwende **für jedes Stichwort eine eigene Zeile.**
 Notiere auch Fragen, Ideen, persönliche Bemerkungen.
- Setze möglichst alle Sinnesorgane ein: Einen Gegenstand nimmst du wenn möglich in die Hände. Prüfe, ob du etwas hören oder riechen kannst.
- Reichere deine Notizen mit weiteren Informationen aus anderen Texten, Wörterbüchern, Lexika etc. an.

2. Schritt: Inhalte ordnen
- Übermale deine Stichwörter: Was zusammengehört, bekommt die gleiche Farbe. Stichwörter, die sich keiner Farbe zuordnen lassen, fallen weg.
- Wähle pro Farbgruppe eine Überschrift. Schreibe sie unter deine Sammlung.

3. Schritt: Reihenfolge festlegen
- Lege die Reihenfolge der Überschriften fest.
- Erstelle eine bereinigte Liste: Schreibe die Stichwörter in einer sinnvollen Reihenfolge unter die Überschriften.

Schreiben

Einen Schuh beschreiben

1. schwarz
   aus Kunstleder
   schlecht geputzt
   sehr dicke Sohlen
   Damenschuh
   war sie damit in der Disco?
   im Büro verboten wegen Parkettboden

2. schwarz
   aus Kunstleder
   schlecht geputzt
   sehr dicke Sohlen
   Damenschuh
   war sie damit in der Disco?
   im Büro verboten wegen Parkettboden
   wurde von einer Jugendlichen getragen
   Grösse 38
   würde ich nie tragen/trage lieber Turnschuhe
   wen hat sie mit diesen Schuhen kennengelernt?
   Sohle ist abgewetzt
   Teile des Schuhs: Sohle, Rahmen, Zunge, Öse
   kein Markenschuh

   Art des Schuhs
   Zustand des Schuhs
   Wer hat diesen Schuh getragen
   Meine Meinung

3. Art des Schuhs
   schwarz
   Damenschuh
   aus Kunstleder
   Grösse 38
   sehr dicke Sohlen
   kein Markenschuh

   Zustand des Schuhs
   schlecht geputzt
   Sohle ist abgewetzt

   Wer hat diesen Schuh getragen
   wurde von einer Jugendlichen getragen
   wen hat sie mit diesen Schuhen kennengelernt?

   Meine Meinung
   würde ich nie tragen/trage lieber Turnschuhe

Inhalte in Spalten schreiben

Dieses Verfahren eignet sich besonders für Schreibaufgaben, bei denen du
- persönliche Eindrücke und Gedanken formulieren musst.
- Texte mit vielen Personen und verschiedenen Handlungen schreiben musst.
- zu einer Frage Stellung nehmen musst.

1. Schritt: Inhalte sammeln
- Überlege dir 3–5 Fragestellungen, nach welchen du Informationen sammeln willst.
- Unterteile ein Blatt im Querformat in Spalten.
  Lasse noch freie Spalten für Fragen, die während des Schreibens entstehen.
- Gib jeder Spalte eine der Fragen als Überschrift:

  a) Für Schreibaufgaben, bei denen du persönliche Eindrücke und Gedanken formulieren musst, eignen sich Fragen wie:
  – Was sehe ich? (z.B. in einem Bild)
  – Worum geht es? (z.B. in einem Text)
  – Was bewegt mich, was erstaunt mich?
  – Was zieht mich an, was stösst mich ab?
  – Was verstehe ich nicht?

  b) Für Schreibaufgaben mit vielen Personen und verschiedenen Handlungen eignen sich Fragen wie:
  – Wer handelt? (Person, Rolle)
  – Wo geschieht etwas? (Ort)
  – Was geschieht? (Handlung)
  – Warum geschieht etwas? (Grund)
  – Wann geschieht etwas? (Zeit)

  c) Für Schreibaufgaben, bei denen du verschiedene Meinungen beurteilen oder zu einer Frage Stellung nehmen musst,
  eignen sich Fragen wie:
  – Was spricht dafür?
  – Was spricht dagegen?
  – Was ist meine Meinung?

- Sammle deine Gedanken und Eindrücke spontan.
- Schreibe **kurze Formulierungen** in die Spalten.

2. Schritt: Wichtiges auswählen, Notizen erweitern
- Markiere Stellen, die dir besonders wichtig erscheinen.
- Stelle in Gedanken Verbindungen zwischen den Spalten her. Vielleicht entstehen dabei neue Gedanken.
- Ergänze die einzelnen Spalten.

3. Schritt: Reihenfolge festlegen
- Lege die Reihenfolge der Gedanken fest.
- Nummeriere die Gedanken oder
- erstelle eine neue Gedankenliste in der richtigen Reihenfolge.

Frage: Autofahren schon ab 16 Jahren?

Was spricht dafür?	Was spricht dagegen?	Was ist meine Meinung?	
Jugendliche mehr Verantwortung besseres technisches Verständnis reagieren schnell sehen gut sind flexibel	fahren schnell schnelles Fahren = berauschend lieben Risiko	ich wäre vernünftige Autofahrerin Gruppe = schnelles Fahren bin Velofahrerin beim Autofahren: Parkplatzsuche, Stau	

Was spricht dafür?	Was spricht dagegen?	Was ist meine Meinung?	Offene Fragen
Jugendliche mehr Verantwortung besseres technisches Verständnis reagieren schnell sehen gut sind flexibel	fahren schnell schnelles Fahren = berauschend lieben Risiko gefährden andere kein Geld für Auto	ich wäre vernünftige Autofahrerin Gruppe = schnelles Fahren bin Velofahrerin beim Autofahren: Parkplatzsuche, Stau	meine Reaktion bei Gruppendruck?

Was spricht dafür?	Was spricht dagegen?	Was ist meine Meinung?	Offene Fragen
Jugendliche mehr Verantwortung 1 besseres technisches Verständnis 5 reagieren schnell 3 sehen gut 4 sind flexibel 2	fahren schnell 8 schnelles Fahren = berauschend 9 lieben Risiko 6 gefährden andere 7 kein Geld für Auto	ich wäre vernünftige Autofahrerin 11 Gruppe = schnelles Fahren 12 bin Velofahrerin beim Autofahren: 10 Parkplatzsuche, Stau	meine Reaktion bei Gruppendruck?

Texte schreiben

Der Text als Ganzes

Thema und Titel

Das **Thema** eines Textes ist der Hauptgedanke, der «rote Faden», der die Leserinnen und Leser durch den Text führt.

- Behalte beim Schreiben und Überarbeiten das Thema des Textes im Auge.
- Frage dich: In welchem Zusammenhang stehen Einzelheiten mit dem Hauptgedanken des Textes?

Der **Titel** hilft Leserinnen und Lesern zu erkennen, was das Thema des Textes ist. Er soll aber auch zum Lesen des Textes anregen.

Suche einen Titel mit einer der folgenden Hilfen:
- Beantworte mit dem Titel die Frage nach dem Wer und/oder dem Was.
- Verwende einen wichtigen Begriff des Textinhaltes im Titel.
- Stelle eine Frage zum Thema.

Wenn du nicht gleich einen passenden Titel findest:
- Schreibe den Text fertig und setze erst dann den Titel.

 Was im Titel steht, muss im Text vorkommen. Mache im Titel keine falschen Versprechungen!

Schreiben

Titel setzen

Je weiter Buckelwale in den Weltozeanen voneinander entfernt leben, umso unterschiedlicher ist ihr Gesang. So versetzte australische Forscher der Universität Sydney in Staunen, dass Wale innerhalb von nur drei Jahren typische Lieder von eingewanderten Arten übernahmen.
Die Meeresbiologen hatten in der Nähe des Great Barrier Riffs Unterwasseraufnahmen von Walgesängen aufgezeichnet. Dabei fanden sie heraus, dass zwei Tiere von 82 ein komplett anderes Lied angestimmt hatten. Die beiden sangen die typischen Lieder der Buckelwale an der australischen Westküste. Nach nur einem Jahr hatte sich der Gesang der Ostküstenbewohner bereits merklich verändert. Ein Jahr später wurde der neue Song immer beliebter und nach drei Jahren war er ein Hit: Alle Wale der Ostküste sangen das für sie neue Lied der Westküstenbewohner.

Wer   **Was**
▼   ▼
<u>Buckelwale lernen Gesang anderer Wale</u>
Das *Wer* und das *Was* werden beantwortet.
(Das *Wo* ist nicht unbedingt nötig. Man weiss ja, dass Wale im Meer leben.)

Oder:
- <u>Buckelwale übernehmen den Gesang anderer Wale</u>
- <u>Wale lehren andere Wale singen</u>
- <u>Buckelwale lernen im Chor singen</u>

Wichtigster Begriff: Buckelwale
<u>Buckelwale lernen Fremdsprachen</u>
(Mit dem Wort *Fremdsprache* wird die Leistung der Wale beim Lernen einer Fremdsprache mit der des Menschen verglichen. Damit wird Neugierde geweckt.)

Oder:
- <u>Westbuckelwale lernen ostwalisch</u>
- <u>Buckelwale sind musikalisch</u>
- <u>Fremdsprachen sind für Buckelwale kein Problem</u>

Frage: <u>Können Wale Fremdsprachen lernen?</u>

Oder:
- <u>Sind Buckelwale sprachbegabt?</u>
- <u>Sind Buckelwale musikalisch?</u>

Inhaltlichen Aufbau überprüfen

Damit Leserinnen und Leser deinen Text verstehen können, müssen die nötigen Informationen
- vorhanden sein und
- logisch miteinander verknüpft werden.

Überprüfe deinen Text mit folgenden Fragen:
- Ist der Text verständlich?
- Können Leserinnen und Leser verstehen, was ich schreibe?
- Sind die Zusammenhänge erkennbar?

Stimmt die Reihenfolge?
- Was kommt zuerst? Wie geht es weiter? Was steht am Schluss?
- Ist erkennbar, was übergeordnet und was untergeordnet ist?

Stimmen die Aussagen?
- Gibt es falsche Aussagen?
- Gibt es Aussagen, die sich widersprechen?

Ist er vollständig?
- Fehlen wichtige Teile, einzelne Sätze oder Wörter?
- Fehlen wichtige Details?

Ist er zu ausführlich?
- Gibt es zu viele Informationen?
- Gibt es Wiederholungen?
- Gibt es überflüssige Wörter?

Schreiben

Inhaltlichen Aufbau überprüfen

Ein falscher Verdacht

Die Rechnungsstunde kam mir an diesem verregneten Montagmorgen endlos vor, und da es gegen Mittag ging, verspürte ich grossen Hunger. <u>Ich beschloss, diesem Zustand gleich nach der Stunde ein radikales Ende zu setzen.</u>
Nach dem Ende der Stunde versorgte ich schnell meine Sachen und stürzte aus dem Zimmer. Im kleinen Lebensmittelladen an der Hauptstrasse liess ich mir ein Schinkenbrot zubereiten.

Als ich es bezahlen wollte, griff ich in meine Jackentasche, um mein Portemonnaie herauszuholen, doch, oh Schreck! Die Tasche war leer. Da kam mir der Verdacht, dass mir mein Portemonnaie gestohlen worden war. «Das ist es!» dachte ich. Zuerst nahm ich an, es sei mir aus der Tasche gefallen. Das konnte aber nicht sein, denn die Tasche hatte kein Loch.

Um sicher zu gehen, durchsuchte ich noch einmal alle Taschen, doch das Portemonnaie blieb verschwunden. Ich war mir auch ganz sicher, dass ich es heute Morgen in meine <u>Hosentasche</u> gesteckt hatte.

Ich verdächtigte Franz. Mir fiel nämlich ein, dass er in der Zehn-Uhr-Pause alleine im Klassenzimmer gewesen war.* Ich war überzeugt, dass er es gewesen sein musste. Wütend rannte ich nach Hause und sann auf Rache.

Ich stellte mir bereits vor, wie ich ihn noch heute Abend zur Rede stellen würde. «Notfalls werde ich ihn verhauen», drohte ich laut. Zu Hause erzählte ich meiner Mutter, dass Franz mir mein Portemonnaie geklaut hätte. ~~«Ich wollte im Lebensmittelladen ein Schinkenbrot kaufen. Als ich es bezahlen wollte, war mein Portemonnaie verschwunden. Es war Franz. Ich werde ihn verhauen!» erklärte ich ihr wütend.~~ «Das kann aber nicht sein», gab sie mir zur Antwort, «es liegt auf deinem Pult.» Als ich es tatsächlich dort liegen sah, war ich einerseits froh, mein Portemonnaie wieder gefunden zu haben, andererseits schämte ich mich, weil ich in meiner Wut gleich einen Klassenkameraden hatte verprügeln wollen.

Ist der Text verständlich?
Dieser Satz ist unverständlich. Es ist nicht klar, was mit der Aussage «ein radikales Ende setzen» gemeint ist.

Ich nahm mir vor, nach der Schule im kleinen Laden am Weg nach Hause ein grosses Schinkenbrot zu kaufen.

Stimmt die Reihenfolge?
<u>Zuerst dachte ich an ein Loch in der Tasche,</u> (erst dann) <u>kam mir der Verdacht …</u>

Stimmen die Aussagen?
Das Portemonnaie steckte in der <u>Jackentasche.</u>

Ist er vollständig?
Es fehlt die Information, dass gleichzeitig auch die Jacke im Zimmer war.
*… und ich meine Jacke über der Stuhllehne hängen gelassen hatte.

Ist er zu ausführlich?
Wiederholung streichen: Dieser Sachverhalt wird bereits ausführlich geschildert.

Texte schreiben

Texte gliedern

Abschnitte machen längere Texte leichter und angenehmer zum Lesen.
- Bilde einen Abschnitt, wenn ein neues Unterthema beginnt. Abschnitte bildest du durch Abstände.

Weitere Möglichkeiten der Textgliederung:
- Verstärke die Bildung von Abschnitten
  - durch Einrücken (am Computer mit Einzug)
  - mit Farben
  - durch eine andere Schriftgrösse
  - durch Versetzen der Spalten.
- Setze Überschriften über die Abschnitte.
- Füge Bilder, Zeichnungen und Grafiken ein. Schreibe jeweils einen kurzen Kommentar dazu.
- Achte auf die Übergänge zwischen den Abschnitten.
  - Kündige das neue Unterthema am Schluss des alten Abschnitts an oder
  - schreibe einen einleitenden Satz zu Beginn des neuen Abschnitts.
- Schreibe am Anfang des Textes eine Kurzzusammenfassung.

Texte gliedern

Ein Rockkonzert sehen statt hören

Die Gebärdensprachdolmetscherin Lilly Kahler übersetzt Songtexte während Konzerten in Gebärdensprache. Kulturanlässe, bei denen die Hände zu Wort kommen, sind im Aufwind.

◀ *Kurzzusammenfassung*

Für Gehörlose ist Musik ein Mysterium. Wenn die Bässe wummern, spüren sie dies zwar im Körper, Gitarrenklänge oder Trompetentöne hingegen sagen ihnen nichts. Der Gesang ist ein Mund, der sich stumm bewegt – meistens so rasch, in Englisch und oft noch hinter einem Mikrofon versteckt, dass die Gehörlosen kein Wort von den Lippen ablesen können. Das muss nicht so sein, sagte sich Lilly Kahler aus Zürich. <mark>*Die Gebärdensprachdolmetscherin hatte die Idee, Musik für Gehörlose sichtbar zu machen.*</mark>

Abstand
Überschrift für einen Abschnitt

Songtexte in Gebärdensprache
Es fing mit Gölä an. 1999 übersetzte Lilly Kahler am Basler Kulturfestival Visual einen Songtext von Gölä in Gebärdensprache. Das gehörlose Publikum war begeistert, die Dolmetscherin motiviert. Ein paar Monate später stand Lilly Kahler neben Gölä am Bühnenrand. Der Rockstar sang, die Dolmetscherin liess ihre Hände tanzen. Lilly Kahler gründete mit zwei Gehörlosen die Arbeitsgruppe für Musik und Gebärdensprache Mux. Das Konzert für Gehörlose und Hörende morgen Freitag im «Albani» (20 Uhr) ist das vierte «Experiment», wie Kahler es nennt. Die Sendung «Quer» des Schweizer Fernsehens schaltet sich am Abend live in den Musicclub.

Kulturanlässe für Gehörlose
<mark>*Kulturanlässe mit Simultanübersetzung für Gehörlose sind im Kommen.*</mark>
Literaturlesungen, Museumsführungen und Theatervorstellungen – was Hände übersetzen können, wird ausprobiert. Die Zürcher Theater Neumarkt, Stok und jenes am Hechtplatz bieten regelmässig Aufführungen mit Gebärdensprachübersetzung an. In der Roten Fabrik veranstaltet das Kommunikationsforum für Gehörlose und Hörende mehrmals pro Jahr Anlässe – Referate, Diskussionsrunden oder auch mal eine Disco für Gehörlose, an der die Vibrationen der Bässe den Tanztakt angeben. In Winterthur gab es in der Alten Kaserne eine Kunstwerkstatt für Gehörlose und Hörende, auch im Stadttheater stand schon eine Gebärdensprachdolmetscherin auf der Bühne. Weitere Veranstaltungen sollen folgen.

Die Ziele und der Stil

Die Art der sprachlichen Gestaltung, der Stil, muss dem Ziel des Textes entsprechen. Im Folgenden werden dir Möglichkeiten der Textgestaltung und Stilwahl für besonders häufige Schreibziele gezeigt.

Anleiten

Kläre zuerst:
- Was willst du mit der Anleitung erreichen?
- Wer muss die Anleitung verstehen?

Arbeit am Text
- Erkläre am Anfang das Ziel.
- Erstelle, wenn sinnvoll, ein Inventar der nötigen Einzelheiten.
- Grenze die einzelnen Schritte deutlich voneinander ab durch:
    - Abstände
    - Spiegelstriche
    - Nummerierung
- Verwende für schwierige Sachverhalte Visualisierungen.
- Verwende für wichtige Objekte Bilder und Skizzen.
- Schreibe auffordernd im
    - Imperativ
    - in verbalen Wortketten oder
    - in du-Sätzen

Formuliere knapp, vermeide lange Sätze.

Schreiben

Anleiten

Internetprogramm konfigurieren
Nötige Daten:
Inventar →
- *Name deines Kontos (Identität /Benutzername)*
- *Telefonnummer des Serverdienstes*
- *E-Mail Adresse:*
  - *Servername für ausgehende Mails*
  - *Servername für eingehende Mails*

Anleitung mit verbalen Wortketten

Vorgehen:
- *Internetprogramm öffnen*
- *Dialoge für Einstellungen öffnen*
  - *Outlook Express: Im Menü Extras auf Konten*
  - *Netscape: Im Menü Bearbeiten auf Voreinstellungen*
- *Daten in entsprechende Felder eingeben*
- *Computer neu starten*

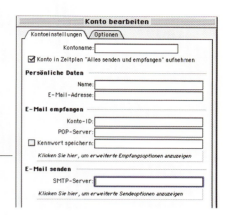

Anleitung mit du-Sätzen

Wegbeschreibung
- *Du fährst bis zur Ampel.*
- *Dort biegst du links in die Tannenbachstrasse ein.*
- *Du fährst durch die Unterführung.*
- *Gleich nach der Unterführung siehst du rechts ein altes Fabrikgebäude.*
- *....*

Anleitung im Imperativ

Rezept
- *Nimm 300 g Mehl und vermische es gut mit drei Eiern und 1 dl Milchwasser.*
- *Schneide 150 g Speck und eine grosse Zwiebel in kleine Stücke.*
- *Vermenge den Teig mit den Speck- und Zwiebelwürfelchen.*
- *Gib 100 g trockenes, fein gehacktes Weissbrot dazu.*

Appellieren

Notiere Antworten zu folgenden Fragen:
- Was möchtest du mit deinem Appell erreichen?
  Soll z.B. jemand etwas kaufen, sollen Zuschauer für ein Theater geworben werden oder willst du zu einer Aktion aufrufen?
- Verlangt dein Appell nach einer speziellen Form?
  Zum Beispiel Plakat, Flugblatt oder Flyer, Inserat
- Welches sind Wünsche, Erwartungen, Interessen der Zielpersonen?

Arbeit am Text
- Informiere kurz und anschaulich.
- Wecke bei den Leserinnen und Lesern Gefühle.
  - Für ein Produkt: Appelliere an die Lust, etwas zu kaufen oder etwas zu tun.
  - Für eine Aktion: Appelliere an das Mitgefühl, an die Einsicht der Leserin und des Lesers.
- Stelle dein Produkt oder deine Absicht als etwas Positives dar: Sprich über die Vorteile.
- Formuliere einen eindrücklichen, kurzen Appell oder Slogan ...
- oder stelle eine rhetorische Frage.
- Erfinde ein Logo.
- Gib deinem Produkt oder deiner Absicht ein Image: Suche Zeichnungen, Bilder, Fotos, die dieses Image unterstützen.

Wenn du Farben verwendest, wähle auffällige Farbkombinationen, z.B. Komplementärkontraste.

Appellieren: Jan schreibt eine Karte an Anita

NIE MEHR OHNE DICH, OHNE DICH NIE MEHR

Anita, seit ich in deine Augen sah, kann ich an nichts anderes mehr denken.
Lass mich nicht ganz den Kopf verlieren und komm heute Abend mit mir ins Kino.

DER DICH NIE MEHR AUS DEN AUGEN
VERLIEREN WILL

Appellieren: Inserat in der Zeitung

Klicks mit Grips
Endlich Schluss mit hohen Telefonrechnungen! Gehörst auch du zu denen, die manchmal unsinnig Zeit im Internet vertrödeln? Liegt das vor allem daran, dass du vergeblich nach Begriffen suchst? Versuche es mit
www.schnoogle.com
der besten Suchmaschine weltweit!

Argumentieren
- Notiere Antworten zu folgenden Fragen:
  - Was möchtest du mit deiner Stellungnahme erreichen?
    Möchtest du zum Beispiel jemanden überzeugen oder für dich einen Gedanken klären?
  - Wer liest die Stellungnahme?
    Schreibst du zum Beispiel einen Leserbrief, eine Bittschrift an eine Firma oder eine Organisation, einen Antrag an die Schulleitung oder in dein Tagebuch?
- Gliedere den Text in folgende Abschnitte:

Die Einleitung
- Schreibe eine Einleitung, die rasch und kurz zur Hauptsache führt:
  - Beginne deinen Text mit einer oder mehreren Fragen oder Behauptungen, gib aber noch keine Antwort.
  - Erläutere das Thema.

Die Argumentation
- Formuliere deine Meinung:
  - Formuliere Antworten auf die Fragen, die du gestellt hast.
  - Suche auch Antworten auf Gegenargumente. Beziehe andere Standpunkte in deine Argumentation mit ein.
- Begründe deine Meinung.
- Suche Beispiele für deine Antworten.

Die Schlussfolgerung
- Ziehe eine Schlussfolgerung aus den Argumenten.
- Leite daraus einen persönlichen Wunsch oder eine Befürchtung ab.

Formulierungen beim Argumentieren
In einem Text werden nicht nur neutrale Aussagen gemacht, sondern auch persönliche Meinungen und Empfindungen ausgedrückt. Persönliche Meinungen müssen begründet und/oder mit Beispielen veranschaulicht werden.
- Bestimme die Art deiner Aussage: Handelt es sich um
  - eine persönliche Meinung, Vermutung?
  - ein Argument?
  - ein Beispiel, einen Vergleich?
- Suche geeignete Formulierungen.

Argumentieren; Beitrag für ein Jugendmagazin

Erst mal leben – Kinder später?

Einleitung	Welches ist der beste Zeitpunkt, um Kinder zu bekommen? …	◀ *Frage*
	Sollte man sie möglichst früh haben oder sollte man noch warten, bis man etwas älter und reifer ist? Wie stark wird man durch ein Kind eingeschränkt? … Viele möchten …	◀ *Weitere Fragen*
Argumentation	Es hat sicher Vorteile, wenn man noch wartet mit dem ersten Kind. …	◀ *Antwort: eigene Meinung*
	Wenn man seine Kinder jung bekommt, hat man oft nicht mehr so gute Berufschancen. Es wird dann schwieriger, sich weiterzubilden oder im Beruf Karriere zu machen. …	◀ *Begründung*
	Ältere Eltern sind geduldiger als junge und unerfahrene.	◀ *Antwort: eigene Meinung*
	Meine Nachbarin hatte ihr erstes Kind schon mit 18. Sie ist sehr ängstlich und ungeduldig. Wenn zum Beispiel eines ihrer Kinder mit dem Dreirad stürzt und sich weh getan hat, verzweifelt sie fast und denkt gleich immer ans Schlimmste. …	◀ *Beispiel*
Schlussfolgerung	Ich weiss noch nicht genau, wann ich mein erstes Kind bekommen möchte. Es kommt auch auf den Partner an. Wenn er sich an der Kindererziehung beteiligt und nicht nur seine Karriere oder seine Freizeit im Kopf hat, könnte ich es mir schon vorstellen, eine junge Mutter zu werden.	◀ *Anknüpfung an erste Frage*

Berichten

Beantworte zuerst folgende Fragen:
- Wozu berichtest du?
  Sollen viele über ein Ereignis informiert werden? Ist es ein Eintrag für dein Physik-Theorieheft?
- Wer liest den Text?
  Richtet er sich an Erwachsene oder an Jugendliche?
- Wie wird der Text verbreitet?
  Wird er in einer Zeitung gedruckt? Wird ein Videofilm gedreht?

Arbeit am Text
- Entscheide, ob du nur sachliche Informationen (Namen, Zeiten, Umstände etc.) verwenden sollst oder ob auch Gefühle, Meinungen und Vermutungen in den Text gehören:
  In einen Unfallbericht für die Versicherung gehören nur sachliche Informationen. In den Bericht über ein Konzert solltest du auch deinen persönlichen Standpunkt einbringen.
- Achte besonders auf die Reihenfolge der Informationen.
- Schreibe klare, kurze Sätze.
- Verwende das Präteritum für das Geschehen, über das du berichtest.
- Verwende das Präsens für allgemeine Erklärungen und Hintergrundinformationen.
- Wähle die dritte Person, wenn du aus einer neutralen Perspektive berichtest.

Bei längeren Berichten:
Fasse zu Beginn das Wesentliche in wenigen Worten zusammen.

Berichten: Über ein Konzert

West Side Story im Rap-Gewand ▼ *Präteritum*

Die Klasse von Frau Scherrer und Frau Husic führte gestern Abend im Gemeindehaus das Musical West Side Story in einer eigenwilligen Fassung als Rap-Sodie auf. ◀ *Zusammenfassung der Ereignisse*

In der West Side Story geht es um zwei sich rivalisierende Strassenbanden in Amerika: die Jets (Amerikaner) und die Sharks (eine eingewanderte Gruppe von Puertoricanern). Die Jets wollen die Sharks aus «ihren» Strassen vertreiben. Doch Tony, der frühere Boss der Jets, verliebt sich in Maria, die Schwester von Bernardo, dem Anführer der Sharks. Es kommt zum Duell der ... ◀ *Hintergrundinformation im Präsens*

Die Vorstellung begann pünktlich um 20.00 Uhr. Der Saal war bis zum letzten Platz besetzt, einige Zuschauer mussten sogar stehen. Als der Scheinwerfer auf Tony fiel, wurde ... ◀ *Geschehen im Präteritum*

Gleich zu Beginn wurden die Zuschauer mit deftigen Rap-Gesängen eingedeckt. Lukas, der die Rolle des wilden Tony aus der Bronx spielte, überzeugte in der Rolle des wilden Rappers. Maria hingegen, gespielt von Yvonne, wirkte viel zu verhalten. Sie ... ◀ *Persönliche Meinung und Eindrücke*

Beschreiben

Kläre den Zweck der Beschreibung.

Beispiele:
- Du beschreibst, weil kein Bild des Gegenstandes vorhanden ist und du sein Aussehen jemandem «bildhaft» machen möchtest (z.B. ein Suchauftrag für eine Person oder etwas Verlorenes).
- Du beschreibst, um anderen einen Ort oder einen Weg aufzuzeigen.
- Du beschreibst, um einen Menschen, ein Tier oder ein Objekt genau zu beobachten und kennen zu lernen.

- Benenne zuerst, was du beschreiben willst.
- Entscheide, ob nur objektive, sichtbare Merkmale oder auch persönliche Wertungen hineingehören.
- Ordne die Informationen nach der Wichtigkeit:
  - von der Gesamterscheinung zu den Einzelheiten
  - vom Wichtigen zum Nebensächlichen
- Entscheide dich für eine der beiden Ausdrucksweisen:
  - Erstelle eine Liste mit Stichwörtern, wenn du etwas neutral beschreiben willst und dabei möglichst viele Merkmale nennst.
    In einer Liste verwendest du keine Verben.
  - Schreibe ganze Sätze,
    - wenn du mit deinem Text nicht nur beschreiben, sondern auch unterhalten willst.
    - wenn du persönliche Eindrücke vermitteln willst.
- Achte auf präzise Ausdrücke.
- Setze wenn möglich Skizzen, Pläne und Bilder zur Erläuterung ein.

Beschreiben mit Stichwörterliste und Skizze

Gegenstand	Armbanduhr
Gehäuse	schmaler Rahmen aus Titan, matt-silbrig glänzend, glatt, ohne Gravuren auf der Oberseite, auf der Rückseite im Deckel eingravierte Angaben zu Material, Uhrwerk und Dichtheit
Armband	weiches, ockerbraunes Leder, auf der Rückseite ist ein schwarzes Schutzleder aufgenäht
Zifferblatt	weiss, mit 2 mm breitem, schwarzem, gegen das Gehäuse angeschrägtem Rahmen, Ziffern sind kleine schwarze Punkte, Zeiger schwarz mit eingelegter Leuchtfarbe an der Spitze, unten statt Zifferpunkt ein Datumsfenster

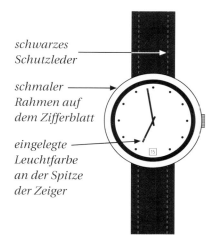

schwarzes Schutzleder

schmaler Rahmen auf dem Zifferblatt

eingelegte Leuchtfarbe an der Spitze der Zeiger

Beschreiben: Durchgehender Text

Christina ist seit der 3. Klasse meine Klassenkameradin. Sie ist sportlich gebaut und schlank. Sie hat schulterlanges, auffallend rotes Haar, das sie meist offen trägt. Manchmal bindet sie ihren Haarschopf auch zu einem Dutt zusammen. Sie trägt meistens blaue Jeans und ein einfaches Oberteil, manchmal ein Leibchen, häufig auch eine Bluse und im Winter einen Pullover. Wichtig ist ihr nur, dass das Oberteil grün ist.

Christina ist ein überaus fröhliches Mädchen. Sie albert oft herum und kann sehr gut Witze erzählen. Dabei scheint ihr Gesicht gar nicht zu ihrer heiteren Art zu passen. Ihre gerade und scharf geschnittene Nase verleiht ihr eine klassische Strenge. Die Stirn ist hoch und glatt, ihre Wangenknochen scharfkantig und ihr Kinn sticht spitz nach vorne. …

Erzählen
Beantworte vor dem Schreiben folgende Fragen:
- Wozu willst du erzählen?
  Willst du zum Beispiel unterhalten oder zum Nachdenken anregen?
- An wen richtet sich dein Text?

Handlung und Handlungsrahmen
- Überlege:
  – Welche Figuren kommen in deiner Erzählung vor?
  – Wo geschehen die Handlungen?

Erzählperspektive
- Wähle die Perspektive, aus der du die Geschichte erzählen willst. Du hast folgende Möglichkeiten:
  – Die neutrale Form, 3. Person
  – Die personale Erzählform, 1. Person Singular.
  – Die Wir-Form, 1. Person Plural.

Zeitform
- Verwende in der Regel das **Präteritum.**

Verwende das **Präsens,** wenn du allgemeine Umstände, Orte oder noch lebende Personen beschreibst.

Erzählen: Perspektive

3. Person Sg.
Das Schiff fuhr nach Ostindien, und die ersten Monate ging alles gut. <u>Der junge Gulliver hatte</u> nicht viel zu tun. <u>Er behandelte</u> einen Beinbruch, zwei Blinddärme, drei …

1. Person Sg. (im Original)
Das Schiff fuhr nach Ostindien, und die ersten Monate ging alles gut. <u>Ich hatte</u> nicht viel zu tun. <u>Ich behandelte</u> einen Beinbruch, zwei Blinddärme, drei …

Welche Erzählperspektive soll ich wählen?

1. Person Pl.
Ich weiss nur noch, dass ich mit fünf Matrosen in einem Rettungsboot sass. <u>Wir ruderten</u> aus Leibeskräften, um von den Felsen fortzukommen.

Zeitform

Präsens für allgemeine Umstände

Die Lilliputsprache zu verstehen <u>ist</u> nicht einfach. Und zwar nicht nur wegen der seltsam klingenden Wörter, sondern auch, weil die Lilliputaner sehr leise <u>sprechen.</u>

Präteritum für die zentrale Handlung

Präteritum
Und trotzdem lag ich da. Nur die Augäpfel und die Augenlider <u>konnte</u> ich bewegen, sonst nichts. Ich <u>war</u> gefesselt.

Plusquamperfekt für Vergangenes in der Vergangenheit

Doch wer, um alles in der Welt, <u>hatte</u> das Kunststück <u>fertig gebracht,</u> ohne dass ich <u>aufgewacht war?</u>

Spezielle Aspekte beim Erzählen

Handlung
- Erzähle die Ereignisse in zeitlicher Reihenfolge oder
- lasse Ereignisse gleichzeitig an verschiedenen Schauplätzen geschehen.
- Erzeuge Spannung mit folgenden Mitteln:
  - Die Zeit wird knapp.
  - Die Ereignisse laufen auf einen Höhepunkt zu.
  - Ungewissheit: Der Ausgang einer Handlung ist offen.
  - Eine Aufgabe ist fast nicht zu lösen.
  - Eine Gefahr lauert im Verborgenen.
  - Überraschungen treten auf.
  - Löse die Spannung wieder auf.
  - Beschreibe, wie es ausgeht.
  - Erkläre, weshalb etwas geschehen ist.

Figuren

Figuren können Menschen, Tiere, Geister oder belebte Gegenstände sein.
- Überlege, ob eine Figur ihre Eigenschaften beibehält oder ob sie sich verändert.
  Sie kann sich z.B. im Verlauf der Geschichte negativ oder positiv entwickeln.
- Lass deine Figuren sprechen:
  - Verwende direkte und indirekte Rede.

Schauplätze und Umstände
- Beschreibe Schauplätze und Umstände, die für die Handlung wichtig sind.
- Beschreibe knapp, damit die Handlung nicht zu lange unterbrochen wird.

Spezielle Aspekte
Spannung erzeugen
- Die Zeit wird knapp
  … Wenn jetzt der Anlasser immer noch streikt, wird es brenzlig werden. Denn in nur 20 Minuten wird hier der Schnellzug Bern–Lausanne durchfahren. …
- Die Ereignisse laufen auf einen Höhepunkt zu
  … So schnell ich konnte, rannte ich dem entgegenkommenden Zug entgegen. «Wenn ich ihn nicht frühzeitig warnen kann, rast er in voller Fahrt in den Lastwagen.» …
- Der Ausgang einer Handlung ist ungewiss
  … Das Problem war jetzt, wie ich den Lokführer warnen sollte. Würde er meine Handzeichen richtig verstehen oder mich für einen Verrückten halten? …
- Eine Aufgabe ist fast nicht zu lösen
  … Ich zerknüllte einige Zeitungsseiten und bildete einen Papierhaufen. Als ich bemerkte, dass sich nur noch zwei Zündhölzer im Briefchen befanden, spürte ich, wie sich mein Puls beschleunigte. Zudem blies ein kräftiger Wind. …
- Eine verborgene Gefahr lauert
  … und was, wenn der Lokführer in diesem Moment gar nicht auf die Strecke schauen würde, weil er gerade seine Armaturen betrachtete? …
- Überraschungen treten auf
  … Mit Entsetzen bemerkte ich, dass sich niemand im Führerstand befand. …

Spannung auflösen
… Als ich das Kreischen der Bremsen hörte, wusste ich, dass ich ein Unglück hatte verhindern können. Ich begab mich zurück zu meinem Zeitungswagen und verteilte die restlichen Ausgaben den inzwischen ungeduldig wartenden Kunden.

Schauplätze und Umstände, welche für die Handlung wichtig sind
… Natürlich bemerkte ich den schweren Laster, der mitten auf dem Bahnübergang stand. Doch ich dachte mir nichts dabei, denn das war der Übergang zum Zollfreilager und …
Der Lastwagen stand immer noch auf den Geleisen. Mir fiel jetzt auf, dass der Motor nicht lief und der Fahrer verzweifelt versuchte, ihn anzulassen.

Die Sätze

Inhalt

Sätze entsprechen einzelnen Gedankenschritten. Sie bringen Informationen in einen Zusammenhang und sind nach bestimmten Regeln gebaut.
Damit Leserinnen und Leser diese Gedankenschritte erfassen können, müssen die nötigen Informationen vorhanden und die Zusammenhänge erkennbar sein.
Zu viele Informationen wiederum machen einen Satz schwer verständlich.

Wenn du deine Sätze überarbeitest, gehst du folgendermassen vor:
- Lies einen Abschnitt zügig halblaut durch.
- Markiere mit einer Wellenlinie Stellen, bei denen deiner Meinung nach etwas nicht stimmt.
- Bearbeite deinen Text in mehreren Durchgängen. Konzentriere dich jeweils auf einen der Punkte in der folgenden Checkliste.

Enthält der Satz genügend Informationen?
- Stelle Fragen nach dem Wann, Wie, Wo, Weshalb.
- Baue den Satz aus mit
  - Beschreibungen der Umstände
  - weiteren Begriffen
  - Vergleichen
  - Aufzählungen
- Ergänze die Information mit weiteren Satzteilen, Nebensätzen oder mit einem weiteren ganzen Satz.

Ist der Satz zu lang? Enthält er zu viele Informationen?
- Streiche unnötige Informationen.
- Streiche Wiederholungen.
- Teile zu lange Sätze in Teilsätze oder mehrere Sätze auf.

Schreiben

Sätze überprüfen: Enthält der Satz genügend Informationen?

«Ich erschrak und erwachte. Es war stockdunkel und ich hatte Angst.»

Ich baue aus mit Hilfe von Fragen:
Wann? um Mitternacht
Wie? schweissgebadet
Wo? neben dem Bett auf dem Boden liegend
Weshalb? durch ein leises Knurren aufgeschreckt

Ich baue aus mit einem weiteren Begriff:
Im Zimmer war es stockdunkel,
Ich baue aus mit einem Vergleich:
... stockdunkel wie in einem Eisenbahntunnel.

Ich bilde mit den weiteren Informationen ...
... einen **Nebensatz**: Um Mitternacht erwachte ich schweissgebadet, weil ich durch ein leises Knurren aufgeschreckt worden war.
.... einen **neuen, ganzen Satz**:
Ich lag auf dem Boden neben dem Bett und hatte Angst.

«Um Mitternacht erwachte ich schweissgebadet, weil ich durch ein leises Knurren aufgeschreckt worden war. Im Zimmer war es stockdunkel wie in einem Eisenbahntunnel. Ich lag auf dem Boden neben dem Bett und hatte Angst.»

Sätze überprüfen: Enthält der Satz zu viele Informationen?

Frau Mohler wartete wie gewohnt am Morgen des 5. Juni wie immer an der Bushaltestelle, um mit dem Bus zur Arbeit zu fahren.

Ich streiche Wiederholungen:
Frau Mohler wartete wie gewohnt am Morgen des 5. Juni ~~wie immer~~ an der Bushaltestelle, um mit dem Bus zur Arbeit zu fahren.

Ich streiche unnötige Informationen:
Frau Mohler wartete wie gewohnt am Morgen des 5. Juni an der Bushaltestelle, um ~~mit dem Bus~~ zur Arbeit zu fahren.

Ich teile in Teilsätze auf:

Es war der 5. Juni. Wie gewohnt wartete Frau Mohler an der Bushaltestelle, um zur Arbeit zu fahren.

Zusammenhänge und Formen

Sind die Zusammenhänge innerhalb des Satzes zu erkennen?
- Bestimme die Art der Verknüpfung: Ist sie
  - gleichwertig, aufzählend?
  - vorzeitig, gleichzeitig oder nachzeitig?
  - Ursache von etwas?
  - Bedingung für etwas?
  - Folge von etwas?
  - Absicht von etwas?
  - Gegensatz zu etwas?
  - Mittel, um etwas zu erreichen?

  Drücke sie durch entsprechende Verknüpfungswörter aus.
- Schlage in der Liste der Verknüpfungswörter nach. → S. 203
- Prüfe verschiedene Möglichkeiten. Vermeide Wiederholungen.

  Zum Beispiel immer nur: «und dann» bei gleichwertigen und zeitlichen Verknüpfungen, «weil» beim Verknüpfen von Ursache und Folge.

Sind die Zusammenhänge der Sätze untereinander zu erkennen?
- Überprüfe, ob der Satz sinnvoll an vorher Genanntes anknüpft.

  Normalerweise steht das Subjekt vor der Personalform. Will man andere Satzteile betonen, muss man sie mit dem Subjekt vertauschen.
- Stelle die Satzglieder so um, dass die für den Zusammenhang wichtige Aussage betont wird.

  Stelle das zu betonende Satzglied vor die Personalform. → Verschiebeprobe, S. 140

Stimmen die Formen?
- Überprüfe folgende Formen:
  - Übereinstimmung von Subjekt und Personalform des Verbs
  - Zeitform → S. 195
  - Wirklichkeits- oder Möglichkeitsform (z.B. Konjunktiv bei indirekter Rede) → S. 196
  - Verben und Fälle
  - Präpositionen und Fälle → S. 202
  - Satzzeichen → S. 217–219

Schreiben

Zusammenhänge innerhalb des Satzes

Mittel oder **Bedingung**　　　　**Absicht**

nicht rauchen und Sport treiben ▶ *Herzinfarkt vermeiden*

　　Welches Verhalten　　　　Verbindung herstellen!
fördert die Gesundheit?　　Ich konsultiere die Liste …

Einem Herzinfarkt kann man vorbeugen, **indem** *man Sport treibt und nicht raucht (Mittel).*
Wenn *man Sport treibt und nicht raucht (Bedingung), kann man einem Herzinfarkt vorbeugen.*
Um *einem Herzinfarkt vorzubeugen (Absicht), sollte man Sport treiben und nicht rauchen.*

Anknüpfung
immer mit Subjekt

Zusammenhänge zwischen den Sätzen untereinander

Ich war ein kleiner Junge. Ich lebte in Italien bei meinen Grosseltern. Wir hatten einen Hund namens Lupo. Der Hund konnte Uniformen nicht leiden. Er stürzte sich sofort auf den Briefträger, wenn dieser sich unserer Haustüre näherte. Ich musste auf den Hund aufpassen, um das zu verhindern …

*Der Hund konnte **Uniformen** nicht leiden. Wenn sich **der Briefträger** unserer Haustüre näherte, stürzte **Lupo** sich **sofort** auf ihn. **Um das zu verhindern,** musste ich auf den Hund aufpassen.*

Briefträger schliesst ans Wort Uniform an.

«Um das zu verhindern» muss betont werden, steht also vor der Personalform.

Formen

«*Am Nachmittag* <u>besuchte</u> *Herbert und ich das Hallenbad.*»
«*Am Nachmittag* **besuchten** *Herbert und ich das Hallenbad.*»

Herbert und ich:
1. Person Plural

An diesem Nachmittag <u>hat</u> *es nur wenig Besucher.*
An diesem Nachmittag **hatte** *es nur wenig Besucher.*

Erzählung im Präteritum

Wir fragten die Kassiererin, ob wir bis 20 Uhr bleiben <u>können.</u>
Wir fragten die Kassiererin, ob wir bis 20 Uhr bleiben **könnten.**

Indirekte Rede
Konjunktiv

Herbert bat <u>Herr</u> *Maier um einen Tauchteller.*
Herbert bat **Herrn** *Maier um einen Tauchteller.*

Wen baten wir?
Akkusativ

Wir sollten die Teller nur auf der linken Bahn <u>im</u> *Wasser werfen.*
Wir sollten die Teller nur auf der linken Bahn **ins** *Wasser werfen.*

Wohin warf er sie?
in + Akkusativ

Doch die Teller blieben nicht auf dem Grund liegen, <u> </u> *denn der Boden des Schwimmbeckens war gegen das 5 Meter tiefe Sprungbassin hin geneigt.*

Nebensatz mit Komma abtrennen

Die Wörter

Wörter finden

An einer geeigneten Wortwahl arbeiten kannst du vor, nach oder während des Schreibens. Je nach Umständen benutzt du dazu:
- Wörterbücher
  zum Beispiel DUDEN – Sinn- und sachverwandte Wörter (Band 8) oder, wenn du eine andere Muttersprache als Deutsch hast, Übersetzungs-Wörterbücher.
- den Thesaurus des Computers
  Viele Schreibprogramme haben ein automatisches Synonym-Wörterbuch, den Thesaurus. Erkundige dich, wie er funktioniert, oder suche in der Hilfe-Funktion unter «Thesaurus» oder «Synonyme».
- Wortlisten
  Allein oder mit Mitschülerinnen und Mitschülern erstellte; solche im Nachschlageteil etc.
- Wortfelder
  – Suche möglichst viele Begriffe zu einem Oberbegriff.
  – Schreibe den Oberbegriff in die Mitte deines Notizblattes.
  – Schreibe weitere Begriffe dazu um dieses Wort herum.

Vor dem Schreiben
sammelst du Wörter, wenn dein Text nach einem bestimmten Wortschatz verlangt.
- Suche zum Beispiel nach:
  – Synonymen für einen wichtigen Gegenstand
  – wichtigen Bestimmungswörtern für Orte, Zeiten oder Umstände
  – wichtigen Verben oder Adjektiven
- Schreibe die gesammelten Begriffe in eine Liste oder direkt in deine Notizen, die du für das Sammeln von Inhalten angelegt hast (Cluster, Mindmap, Listen, Spalten etc.).

Synonyme suchen mit dem Thesaurus des Computers

Wir wechselten schnell die Reihen

Sammeln von Formulierungen in einem Mindmap

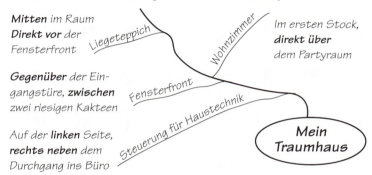

Ober- und Unterbegriffe zur Beschreibung der Stadt Lima

Während des Schreibens
achtest du auf deine Formulierungen:
- Lege ein geeignetes Wörterbuch bereit.
  Damit du das Schreiben nicht zu lange unterbrechen musst, ist es wichtig, dass du schnell nachschlagen kannst.
- Schreibe weiter, wenn du einen Begriff nicht findest.
  Mache dir dazu Bemerkungen als Randnotizen und suche weiter, wenn du den Text überarbeitest.
- Lasse beim Schreiben Platz frei für spätere Ergänzungen und Korrekturen.

Nach dem Schreiben
überarbeitest du den Text:
- Schreibe Änderungen in den Entwurf.
- Überprüfe die Wortformen: Geschlecht, Person, Zahl, Zeit, Fall etc.
- Überprüfe die Rechtschreibung.
- Ersetze Wörter und Ausdrücke, die sich im Text zu oft wiederholen, z.B. durch
  – Wörter aus dem gleichen Wortfeld
    Pferd: Schimmel, Fuchs, Blesse, Gaul, Mähre, Fohlen, Füllen, Stute, Hengst, mein treuer Vierbeiner, Sylla (Name), Huftier, …
  – konkrete Begriffe anstelle von Oberbegriffen
    Frucht: Apfel, Birne, Zwetschge, Nuss
  – Oberbegriffe anstelle von konkreten Begriffen
    Peugeot: Verkehrsmittel, Motorfahrzeug, modernes Fortbewegungsmittel
  – Pronomen anstelle von kurz vorher genannten Nomen

Wenn du viel korrigiert hast:
- Schreibe den Text nach der Überarbeitung nochmals ab.

Schreiben

Platz offen lassen für die Überarbeitung

                führt
Von der Eingangshalle ~~hat es~~ eine Treppe in das erste
                         befindet sich
Stockwerk. **Direkt über** dem Partyraum ~~ist~~ das
                    heller Raum
Wohnzimmer. Es ist ein sehr ~~helles Zimmer~~, denn
                     (auf der ganzen Breite)
gegenüber der Eingangstüre erstreckt sich eine

Fensterfront, und **zwischen** zwei riesige*n* Kakteen
      sieht
hindurch ~~seht~~ man direkt auf den See. ...

*3 cm Rand,
auch für
Anmerkungen
anderer*

Immer gleiche Wörter durch andere ersetzen.
Hier: *machen, sagen* und *denken*

machen	sagen	denken
verrichten	sprechen, nennen	finden, meinen
anfertigen	mitteilen, reden	der Meinung sein
herstellen	rufen, flüstern	erwidern
erledigen	vermitteln	einwenden
unternehmen	erwähnen, erklären	rechtfertigen
vollführen		betonen, sich
erreichen, handeln		ausmalen

Gleiche Ausdrücke vermeiden

Rita schreibt einen Beitrag über ihre Fernsehgewohnheiten für einen Leserbrief an eine Tageszeitung. Bevor sie zu formulieren beginnt, notiert sie verschiedene Wörter für den Begriff Fernseher.
Ersatzbegriffe: **Fernsehapparat, Fernsehempfänger, Bildschirm,** ~~Kiste,~~ **Mattscheibe, Kasten,** ~~Heimkino, Glotze~~
Oberbegriffe: **Gerät, Kommunikationsmittel**
Sie streicht einige Wörter, die ihr für diesen Text nicht passend erscheinen.

Die Macht des Fernsehers
Eigentlich möchte ich gar nicht so viel fernsehen. Ich lese auch gerne Bücher, schwatze mit Freundinnen und Freunden, treibe Sport und für meine Hausaufgaben brauche ich auch Zeit. Aber der **Fernsehapparat** *ist nun mal da und es ist gar nicht einfach, daran vorbeizugehen, wenn er läuft.*
Das passiert mir oft: Mein Bruder oder mein Vater schauen sich gerade einen Film an. Eigentlich wollte ich mich auf mein Zimmer begeben und lesen. Doch der Weg dorthin führt am **Fernseher** *vorbei und ich bleibe unschlüssig* **davor** *stehen, bis einer sagt: «So setz dich doch!». Dann sehe ich mir eine Zeit lang irgendeine Sportschau oder einen Krimi an. Es ist erstaunlich, welche Macht dieser* **Kasten** *hat. Es gelingt mir aber meistens, mich wieder von* **ihm** *loszureissen.*

Die Wörter

Wörter auswählen

Die Auswahl der Wörter ist vom Ziel des Textes abhängig. Kläre deshalb zuerst ab, was du mit dem Text erreichen willst und an wen er sich richtet.

Beispiele:

Willst du unterhalten? Willst du dich möglichst präzise ausdrücken?

Musst du bestimmte Wörter verwenden?

Die deutsche Sprache setzt der Wortwahl Grenzen. Wörter können nicht beliebig kombiniert werden. Die Wörter müssen untereinander zusammenpassen.

Präzise Ausdrücke

Wenn du präzise Ausdrücke suchst:

- Stelle W-Fragen:
  - **Wann** geschieht etwas?
  - **Wo** ereignet oder befindet sich etwas?
  - **Wie** oft geschieht etwas?
  - **Wie** ist etwas? – Was kann ich sehen, fühlen, hören, riechen, spüren?
  - **Weshalb** ereignet sich etwas?
  - **Auf welche Art und Weise** geschieht etwas?
- Ersetze allgemeine oder übergeordnete Begriffe durch spezielle, genaue Begriffe.
- Wähle nicht immer die gleichen Ausdrücke, verwende Variationen.
- Baue Begriffe aus, indem du …

  … sie mit weiteren Begriffen umschreibst
  Wir wohnen in einem Reihenhaus.
  *Wir wohnen in einem **kleinen, zweistöckigen** Reihenhaus.*

  … Wörter erweiterst
  Wir mussten **bleiben,** bis wir **gegessen** hatten.
  *Wir mussten **sitzen bleiben,** bis wir **aufgegessen** hatten.*

  … Begriffe erklärst
  Wir erschienen im **Kimono** zum Essen.
  *Wir erschienen im Kimono, einem **japanischen Kleidungsstück mit weiten, ausgeschnittenen Ärmeln,** zum Essen.*

  … bildhafte Vergleiche wählst
  Am nächsten Morgen war der Himmel grau.
  *Am nächsten Morgen war der Himmel grau **wie Asche.***

  Nach dem langen Tag hatte ich Hunger.
  *Nach dem langen Tag hatte ich Hunger **wie ein Wolf.***

Schreiben

Überarbeiteter Text

Kurz nach elf ~~Als wir ankamen~~, im Bahnhof Mühlenau stiegen wir aus dem Zug. Wir standen mit ~~unserem Gepäck~~ unseren Taschen und Rucksäcken auf dem Perron. Die Sonne brannte begaben uns ~~Es war schönes Wetter~~ und wir ~~gingen~~ in einen kleinen schattigen Park.

Armin wollte an einem Brunnen Wasser trinken. Dabei rutschte er auf dem glitschigen Brunnenrand aus und griff mit beiden Armen um nicht hineinzufallen ins Wasser. Wir lachten alle. Sein Leibchen war nass und er zerrte ~~nahm~~ ein neues aus dem Rucksack um sich umzuziehen. Er legte das nasse in die Plastiktasche zurück und zog sich das neue über. Alle lachten laut. In der Eile hatte er sich das Pyjama-Leibchen übergestreift. Auf seiner Brust war ein Porky Pig, das Porträt eines Comic-Schweinchens, aufgedruckt. Das war wirklich sehr peinlich für ihn,

denn wir mussten jetzt schnell zusammenpacken, um den Bus nach Langenberg nicht zu verpassen. Zum Umziehen blieb also keine Zeit mehr. So musste er mit seinem unpassenden und viel zu kurzen Leibchen

an den vielen Leuten vorbei durch die Strassen gehen. Um nicht aufzufallen, schlich er wie ein Dieb zum Bahnhof und

erreichte damit, dass er erst recht auffiel.

Wann und **wo** stiegen wir aus?

Was hatten wir für Gepäck?

Wie war das Wetter genau?
Wie war der Park?

Worauf rutschte er aus?

Warum griff er ins Wasser?

Weshalb zerrte er das neue Leibchen aus dem Rucksack?

Wie hatte er sich das Leibchen übergestreift?

Was ist ein Porky Pig?

Wohin fuhr der Bus?

Wie war das Leibchen?

Wie schlich er?

Stimmige Wortwahl
- Prüfe folgende Ausdrucksmöglichkeiten:
  - Willst du eigene Gefühle und Stimmungen ausdrücken oder
  - neutral und sachlich informieren?
  - Willst du hochdeutsche Wörter und Formulierungen wählen oder
  - auch Wörter aus dem Dialekt und der Umgangssprache verwenden?

Richtige Wortverbindungen
Viele Wörter stehen in einer festen Verbindung mit einem oder mehreren anderen Wörtern, die nicht geändert werden kann.
- Achte auf die richtige Verbindung von bestimmten:
  - **Nomen und Verben**
  - **Nomen und Präpositionen**
  - **Verben und Präpositionen**
- Schlage bei Unsicherheiten nach im:
  - Nachschlageteil → S. 192–221
  - Wörterbuch
  - Grammatikduden
- Lass dich beraten. Stelle Fragen zu den gewählten Wörtern.

Stimmige Wortwahl

Ich schildere einem Polizisten, was ich erlebt habe:
«Ich erschrak und versteckte mich hinter einer Mauer.»

Ich schildere meiner Freundin, was ich erlebt habe:
«Mit vor Angst klappernden Zähnen verkroch ich mich hinter einem dunklen Umriss.»

Ich schreibe für meine Familie auf einen Zettel:
«Für den Znacht habe ich Plätzli gekauft.»

Ich berichte in einem Klassenlagerbericht:
«Zum Abendessen kaufte ich Schnitzel ein.»

Ich schreibe in einem Mail an meine Freundin:
«Beim Abendessen motzte Eveline schon wieder.»

Ich schreibe in einem Brief an meine Tante:
«Kaum wurde das Abendessen serviert, beschwerte sich Eveline schon wieder.»

Richtige Wortwahl / Wortverbindung

Verb – Präposition Verbindungen

Verb	Präposition
rechnen	mit + D
reden	über + A
	von + D
riechen	an + D
	nach + D
sagen	zu + D

Ich schlage in den Listen im Nachschlageteil oder im Wörterbuch nach.

Nomen – Verb Verbindungen
(Duden Rechtschreibung)

An|spruch; etwas in Anspruch nehmen
An|stalt, die; -, -en: keine Anstalt-en zu etw. machen (nicht beginnen [wollen])

Hilfen

Den ersten Satz finden

Du sitzt vor dem leeren Blatt und weisst eigentlich, worüber du schreiben willst. Du hast bereits viele Informationen gesammelt. Doch du weisst nicht, wie du beginnen sollst.

Der erste Satz verleiht dir den Schwung zum Weiterschreiben. Er setzt dich mitten ins Thema.

Versuche einen der folgenden Einstiege:
- Beantworte im ersten Satz eine wichtige W-Frage zum Thema.
  Solche Antworten führen Leserinnen und Leser mitten ins Thema.
  - Worum geht es?
  - Was geschieht?
  - Wer ist die Hauptperson? Wer sind die Hauptpersonen?
  - Wo spielt die Handlung?

- Schaffe gleich zu Beginn Spannung und Atmosphäre:
  - Beschreibe eine eindrückliche Szene. Schreibe, wie wenn du dich mitten in einen Film einschalten würdest.
  - Stelle am Anfang eine Frage.
    Sie macht Leserinnen und Leser neugierig auf den Text.
  - Stelle eine Behauptung an den Anfang.
    Du weckst die Aufmerksamkeit der Leserinnen und Leser, weil du sie damit herausforderst, Stellung zu beziehen.
  - Beginne mit einem Ausruf der Bewunderung, der Freude, des Erstaunens, der Trauer, des Ekels oder des Entsetzens.
    Du weckst so die Gefühle der Leserinnen und Leser.

Schreiben

Beispiele erster Satz: Love-Story für die Schulzeitung

Antworten zu W-Fragen

Worum geht es?
«Ich war völlig verzweifelt und hätte seine Unterstützung nötig gehabt, doch Robert liess mich in meiner Verzweiflung einfach sitzen.»

Was geschieht?
«Wir hatten kaum das Dessert gegessen, als Robert mir erklärte, er könne am nächsten Samstagabend nicht mit mir ins Kino gehen.»

Wer ist die Hauptperson?
«Robert war ein junger Mann, der gerade seine Lehre als Schlosser erfolgreich abgeschlossen und sich mit seinem ersten grossen Zahltag einen schwarzen VW Golf gekauft hatte.»

Wo und wann handelt der Text?
«An einem verregneten Freitagabend vor drei Wochen sass ich mit Robert beim Essen in einem italienischen Restaurant.»

Spannung und Atmosphäre schaffen

Eine eindrückliche Szene beschreiben
«Er stiess mich zur Seite, setzte sich ans Steuer seines schwarzen Sportwagens und fuhr mit kreischenden Reifen davon.»
«Verlegen blickte er zur Theke und erzählte mit stotternder Stimme, dass er sich in eine andere verliebt habe.»

Mit einer Frage
«Weshalb habe ich mich nur mit ihm eingelassen?»
«Soll ich ihm noch einmal verzeihen?»

Mit einer Behauptung
«Für mich stand einmal mehr fest: Mädchen sind treuer als Jungen.»
«Jungs haben nichts anderes im Kopf als Sex und Rennautos.»

Mit einem Ausruf
«Was für ein herrlicher Abend!» Ich lehnte mich fest an meinen Freund und wir spazierten...
«Fahr doch zum Teufel!» schrie ich ihm hinterher.
«Schau mich an! Weisst du überhaupt, wie ich mich fühle?» Ich durchbohrte ihn mit meinem Blick und...

Hilfen

Schwierigkeiten erkennen und lösen

Probleme beim Schreiben können verschiedene Ursachen haben.
- Kläre ab,
  - ob es an der Aufgabe liegt oder
  - ob dich andere Umstände am Schreiben hindern.

Die untenstehenden Hilfestellungen sind Anregungen. Grundsätzlich gilt:
- Formuliere deine eigenen Schwierigkeiten.
- Finde selber Lösungen:
  - Sprich mit anderen darüber.
  - Benutze die Schreibberatung.

Das Schreibproblem liegt an der Aufgabe	Lösungsvorschläge
Das Thema ist zu weit oder zu eng gefasst.	• Sprich mit der Lehrperson darüber. • Sammle neue Ideen zum Thema oder kürze, wenn du zu viele Ideen hast.
Das vorhandene Wissen reicht nicht aus, um über das Thema zu schreiben.	Versuche, mehr über das Thema zu erfahren: • Sammle weitere Informationen. • Tausche Ideensammlungen aus. • Diskutiere über das Thema.
Das Schreibziel bzw. die Aufgabenstellung ist nicht klar.	• Lass andere die Aufgabe für dich formulieren. • Formuliere dein Ziel in eigenen Worten und überprüfe deine Vorstellung. • Sprich mit der Lehrperson darüber.
Du findest keinen Anfang.	• Beginne nicht am Anfang: Schreibe zuerst Texte zu deinen Unterthemen. • Überprüfe erst dann, ob sich einer der Texte für einen Einstieg eignet. • Formuliere mit Hilfe der Vorschläge einen ersten Satz.
Du hast den Faden verloren. Der Textplan ist unklar, die Ideen purzeln durcheinander.	• Probiere es mit einer anderen Ordnungsmethode (z.B. Zettel anstatt Cluster). • Ordne deine Ideen (neu), z.B. durch Nummerieren • Finde Überschriften für einzelne Teile. • Bilde Abschnitte.
Du findest keine treffenden Ausdrücke.	• Schlage in einem Wörterbuch nach, benutze den Thesaurus. • Lasse dir von Mitschülerinnen und Mitschülern helfen.
Du kannst deine Ideen nicht formulieren.	• Suche Formulierungen aus anderen Texten. • Lasse dir von Mitschülerinnen und Mitschülern helfen. Schreibe die so gefundenen Möglichkeiten auf Notizpapier und wähle eine passende aus.

Schreiben

Das Schreibproblem liegt an der Aufgabe	Lösungsvorschläge
Du bleibst mitten im Text stecken und weisst nicht mehr weiter.	• Erzähle einer Person den bisherigen Inhalt. Frage sie, was sie sonst noch interessieren würde. • Stelle dir vor, dass du den Inhalt des Textes einer Person erzählst. Spiele in der Vorstellung durch, was diese Person noch interessieren könnte. • Schreibe an einem anderen Unterthema weiter. • Benutze mehrere Blätter für Unterthemen und füge den Text erst am Schluss zusammen.

Äussere/innere Umstände hindern dich am Schreiben	Hilfen

Du fühlst dich an deinem Schreibplatz unbehaglich.	• Richte dich so ein, dass
	  – du bequem und auf richtiger Höhe sitzt.
	  – genug Platz für deine Materialien hast.
	  – eine gute Lichtquelle hast.
	  – einen Stift hast, mit dem du gerne schreibst.
	• Suche dir einen Platz, einen Ort, wo dich niemand ablenkt.

Du bist zu müde, du kannst dich nicht konzentrieren.	• Wenn du deine Zeit für eine schriftliche Arbeit selber einteilen kannst:
	  – Schreibe, wenn du noch frisch bist.
	  – Lege alle 20–30 Minuten eine kleine, alle zwei Stunden eine grosse Pause ein.
	• Wenn du jetzt unbedingt schreiben musst:
	  – Schaue von der Arbeit auf, z.B. aus dem Fenster.
	  – Setze dich anders oder anderswo hin.
	  – Stehe auf oder bewege dich auf dem Stuhl.

Du bist abgelenkt: Persönliche Probleme belasten dich, deine Gefühle und Gedanken sind ganz woanders.	• Versuche, dich trotzdem auf deine Schreibarbeit zu konzentrieren. So schaffst du eine gewisse Distanz zu den Gedanken, die dich nicht loslassen wollen. • Schreibe zuerst auf, was dich bewegt. Wenn du deine Gedanken zu Papier bringst, gehen sie nicht vergessen und du kannst den Kopf frei machen für die Schreibaufgabe. • Bitte deine Lehrperson um Hilfe. • Bitte eine Mitschülerin oder einen Mitschüler, dir zuzuhören.

Beim Schreiben beraten werden

Die Schreibberatung ermöglicht dir, beim Schreiben die Ideen und Vorschläge anderer einzubeziehen und Fragen zu diskutieren.
Als Beratungspartnerinnen und Beratungspartner stehen dir die Lehrperson und die Mitschülerinnen und Mitschüler zur Verfügung.

- Überlege, ob die Beratung als Partnergespräch oder als Gruppengespräch stattfinden soll.

Ausgangspunkt für eine Beratung sind deine Fragen.

- Bereite Fragen vor, auf die du eine Antwort willst. Formuliere die Fragen schriftlich, wähle klare Formulierungen.

Beratungssituationen

Schreibberatung kannst du grundsätzlich in jeder Schreibphase benutzen:
- Wenn du die Schreibaufgabe klärst.
- Wenn du Inhalte und Gedanken sammelst und ordnest.
- Wenn du den Text formulierst.
- Wenn du Textteile oder den ganzen Text überarbeitest.

Beratungsformen

Bei jeder Beratungsform spielen deine Fragen eine Rolle. Die Beratung soll dir Antworten auf deine Fragen bringen.
Du hast dabei folgende Möglichkeiten:
- Du gehst nur mit Fragen in die Beratung.
- Du liest deinen Text vor und stellst Fragen.
- Du lässt andere deinen Text lesen und stellst Fragen.

Du kannst deine Fragen, die du schriftlich vorbereitet hast, mündlich oder schriftlich stellen.
Du kannst auch die Antworten aus der Beratung mündlich oder schriftlich einholen.

Fragen, die du stellen kannst
Schreibaufgabe klären
- An wen richtet sich der Text?
- Welches ist das Ziel dieser Schreibaufgabe?
- Muss ich mich an eine Vorlage halten?
- Ist ein bestimmter Umfang vorgeschrieben?

Inhalte und Gedanken sammeln und ordnen
- Wo finde ich mehr Informationen?
- Wie komme ich zu mehr Ideen?
- Muss ich meine Gedankensammlung erweitern?
- Wie kann ich meine Gedankensammlung erweitern?
- Wie kann ich meine Gedankensammlung ordnen?
- Stimmt die Reihenfolge meiner Gedanken?

Den Text formulieren und überarbeiten
- Wie wirkt der Text?
- Ist es klar, worum es geht?
- Passt der Text zur Aufgabenstellung?
- Passt der Titel zum Text?
- Stimmt die Reihenfolge?
- Soll ich etwas weglassen?
- Soll ich etwas ausbauen?
- Habe ich meine Wortwahl der Leserin/dem Leser angepasst?
- Hat es Wortwiederholungen, die stören?
- Soll ich diese Formulierung kürzen?
- Ist diese Formulierung genau genug?
- Wie kann ich diese Formulierung anreichern?
- Sind die Satzanfänge abwechslungsreich?

Grammatik und Rechtschreibung

Proben

helfen dir bei der
- **Textarbeit (T)**
  Du kannst damit Formulierungen überprüfen und Texte gezielt überarbeiten.
- **Grammatikarbeit (G)**

Hier werden dir vier häufig angewandte Proben vorgestellt:
- die Ersatzprobe
- die Erweiterungsprobe
- die Weglassprobe
- die Verschiebeprobe

Die Ersatzprobe

Damit kannst du:

T: einen Text sprachlich und stilistisch überarbeiten
- Ersetze einzelne Wörter oder Satzglieder.
- Lies den Satz in seinem Zusammenhang in den verschiedenen Varianten halblaut für dich durch oder lies ihn jemandem vor.
- Entscheide dich dann für eine Formulierung.

G: den Fall eines Nomens oder Pronomens bestimmen
- Ersetze das Nomen durch ein maskulines Nomen im Singular mit bestimmtem Artikel.
  Oder:
  Ersetze das Pronomen durch ein maskulines Personalpronomen.

G: die Unterart eines Pronomens bestimmen
- Wenn du Pronomen nicht sicher bestimmen kannst: Ersetze sie durch solche, die du sicher bestimmen kannst.
  Du kannst dafür die Pronomentabelle zur Hilfe nehmen.
  → S. 199

Grammatik und Rechtschreibung

Die Ersatzprobe
T: Einen Text stilistisch und sprachlich überarbeiten
Fatime gibt Luca einen Tipp.
Fatime gibt dem Mitschüler einen Tipp.
Fatime gibt ihm einen Tipp.

jetzt habe ich schon drei-
mal «Luca» verwendet!

Das ist das Haus, das mir am besten gefällt.
Dies ist das Haus, welches mir am besten gefällt.

dreimal «das» tönt unschön

G: Den Fall bestimmen
Nomen/Pronomen durch ein männliches Nomen mit bestimmtem Artikel ersetzen

Fatime	gibt Luca einen Tipp.
▼	▼
Der Mann	gibt dem Hund einen Tipp.
▼	▼
Nominativ	Dativ

Nomen/Pronomen durch ein männliches Personalpronomen ersetzen

Fatime	gibt Luca einen Tipp.
▼	▼
Er	gibt ihm einen Tipp.
▼	▼
Nominativ	Dativ

G: Die Unterart des Pronomens bestimmen

Das	ist	das Haus,	das uns am besten gefällt.
▼		▼	▼
Dies	ist	das Haus,	welches uns am besten gefällt.
▼		▼	▼
Demonstrativ-pronomen		best. Artikel (nicht ersetzbar)	Relativpronomen

Die Erweiterungsprobe

Damit kannst du:

T: Satzglieder ausbauen

Stelle die Frage *Was für ein* … Die Antwort darauf liefert mehr Informationen.

T: Sätze ausbauen

Stelle die Fragen
- *Wann*
- *Wo*
- *Wie*
- *Warum*

Die Antworten liefern mehr Informationen. Welche zusätzlichen Informationen der Satz bekommt, ist vom Zusammenhang abhängig.
Lies dazu die entsprechende Textstelle halblaut durch oder lies sie jemandem vor. Was möchte man noch genauer wissen? Baue die entsprechenden Informationen in den Satz ein.

G: überprüfen, ob es sich um ein Nomen handelt

Ist ein bestimmtes Wort ein Nomen oder nicht?
Füge einen bestimmten Artikel vor das Wort. Wenn er passt, ist das Wort nominalisiert. Das heisst, es handelt sich um ein Verb oder ein Adjektiv, das die Rolle eines Nomens übernimmt. Es wird dann grossgeschrieben.

Grammatik und Rechtschreibung

Die Erweiterungsprobe
T: Satzglieder ausbauen
Ich hasse Pyjamas.
Was für Pyjamas? Ich hasse **kunstseidene** Pyjamas.

T: Sätze ausbauen

	Wir müssen schwimmen.
wann	Wir müssen **am Samstag** schwimmen.
wo	Wir müssen **im Hallenbad** schwimmen.
wie	Wir müssen zehn Längen **in perfektem Stil** schwimmen.
warum	Wir müssen **für einen internationalen Wettbewerb** schwimmen.

Satz mit mehr Informationen ausbauen
Wir müssen **am Samstag im Hallenbad zehn Längen in perfektem Stil** schwimmen.

G: Überprüfen, ob es sich um ein Nomen handelt
Infinitive von Verben
Wir müssen Schwimmen.   Ich hasse Tauchen.
Wir müssen schwimmen. ▶ klein   Ich hasse *das* Tauchen. ▶ gross

Adjektive
Zum Geburtstag wünsche ich dir alles Gute.
Zum Geburtstag wünsche ich dir *das* Gute. ▶ gross

Die Weglassprobe

ist die Umkehrung der Erweiterungsprobe. Damit kannst du:
- T: lange Sätze kürzen, indem du überflüssige Informationen weglässt. Das können Wörter, Wortgruppen oder ganze Satzglieder sein.

Ein Text kann dadurch knapper, spannender oder übersichtlicher werden.

- G: das grammatische Gerüst eines Satzes oder einer Wortgruppe deutlich machen.

Du lässt dazu Satzglieder weg, die grammatikalisch nicht notwendig sind.

T und G: Satzglieder weglassen
- Gehe vom Verb aus. Lass die Antworten auf die Fragen *wer, wen, wem* stehen.
- Streiche die Antworten auf die Fragen *wann, wo, wie, warum*.

T und G: Wörter oder Wortgruppen weglassen
- Kennzeichne die Satzglieder.
- Finde die Attribute der einzelnen Satzglieder mit der Frage *Was für ein …*
  → S. 150
- Streiche sie.

Die Verschiebeprobe

hilft dir,
- T: – monotone Satzanfänge zu variieren oder
     – Bezüge zwischen den Sätzen untereinander zu schaffen.
- G: den Satz in Satzglieder zu zerlegen.
    – Markiere die Personalform und übrige verbale Teile.
    – Probiere die einzelnen Satzglieder links der Personalform aus.
    – Lies die entstandenen Sätze laut oder halblaut, auch im Zusammenhang.
    – Wähle eine Variante aus, die in deinen Text passt.

Grammatik und Rechtschreibung

Die Weglassprobe
T und G: Satzglieder weglassen
Rita singt ~~gleich nach dem Aufstehen im Bad~~ ein munteres Lied.
Wen oder was singt Rita?
Rita singt ein munteres Lied. ▶Akkusativobjekt bleibt.
<u>Wann</u> singt sie ein munteres Lied? weglassen
<u>Wo</u> singt sie ein munteres Lied? weglassen

T und G: Wörter oder Wortgruppen weglassen
Satzglieder kennzeichnen
Zum 16. Geburtstag/habe/ich/von einer netten Nachbarin/ein grauenhaft süss riechendes Parfüm/bekommen.
Frage: Was für ein(en) … – Streiche die Antworten
Zum ~~16.~~ Geburtstag/habe/ich/von einer ~~netten~~ Nachbarin/ein ~~grauenhaft süss riechendes~~ Parfüm/bekommen.
Zu was für einem *Geburtstag?*
Was für eine *Nachbarin?*
Was für ein *Parfüm?*
Ergibt: Zum Geburtstag habe ich von einer Nachbarin ein Parfüm bekommen.

Die Verschiebeprobe
Dreimal mit Subjekt angefangen!
Ich stelle den 2. Satz um!
T: Monotone Satzanfänge variieren
<u>Ich</u> gehe heute früh nach Hause. <u>Wir</u> gehen morgen in die Ferien. <u>Wir</u> fahren schon früh um sechs Uhr ab.
Ich gehe heute früh nach Hause. Morgen gehen wir in die Ferien. Wir fahren schon früh um sechs Uhr ab.

T: Bezüge zwischen den Sätzen schaffen
Was, du hast zwei Monate nichts mehr von ihr gehört? <u>Mir</u> hat sie aus den Ferien eine Karte geschrieben.

G: Den Satz in Satzglieder zerlegen
Verbale Teile markieren und ausprobieren, welche Teile vor der Personalform stehen können

……	hat	sie	aus den Ferien	eine Karte	geschrieben
Mir	hat	sie	aus den Ferien	eine Karte	geschrieben
Aus den Ferien	hat	sie	mir	eine Karte	geschrieben
Eine Karte	hat	sie	mir	aus den Ferien	geschrieben

Sätze

sind zusammengesetzt aus den **verbalen Teilen** und den **Satzgliedern.**
Die verbalen Teile sind die **Personalform** (das konjugierte Verb) und die so genannten **übrigen verbalen Teile** (Verbzusatz, Infinitiv oder Partizip II).
Mit Hilfe der Satzgliedbestimmung kannst du einen Satz untersuchen
- auf Vollständigkeit.
- grammatikalisch, z. B. auf die Formen.
- auf Ausbaumöglichkeiten.

Die Satzgliedbestimmung geht immer vom Verb aus. Suche deshalb immer zuerst die Personalform des Verbs und die übrigen verbalen Teile. → S. 158

Satzglieder

- können immer links von der Personalform stehen. Das kannst du mit der Verschiebeprobe überprüfen. → S. 140
- können aus einem einzelnen oder mehreren Wörtern bestehen.
- beantworten eine W-Frage.

Subjekte und Objekte

hängen eng mit dem Verb zusammen.
Die W-Fragen
- *Wer/Was*
- *Wen/Was*
- *Wem*
- *Wessen*

werden mit dem Verb des Satzes gestellt. → S. 144–146

Grammatik und Rechtschreibung

Die verbalen Teile
Aussagesatz: Hauptsatz
Personalform
übrige verbale Teile

Er *erwacht* immer sehr früh.
   Personalform

Er *ist* heute morgen sehr früh *erwacht.*
   Personalform   Partizip II

Er *konnte* gestern kaum die Augen offen *halten.*
   Personalform   Infinitiv

Er *wachte* heute sehr früh *auf.*
   Personalform   Verbzusatz

Aussagesatz: Nebensatz
..., weil sein kleiner Sohn ihn *geweckt hatte.*
                                 Partizip II Personalform

..., weil sein Hund ihn *anspringt.*
                     Personalform

Satzglieder bestimmen
Jedes Satzglied kann links von der Personalform stehen
Der Mann mit der Glatze strickt sich   eine warme Mütze.
Sich   strickt der Mann mit der Glatze eine warme Mütze.
Eine warme Mütze   strickt sich   der Mann mit der Glatze.

Sinnänderung beim Schieben: Satzglieder auseinandernehmen
Der Mann strickt sich mit der Glatze eine warme Mütze.
«Der Mann mit der Glatze» gehört zusammen und muss als Ganzes verschoben werden.

Eine W-Frage beantworten
Der Mann mit der Glatze strickt sich eine warme Mütze.
Wer strickt sich eine warme Mütze?
Was strickt sich der Mann mit der Glatze?
Wem strickt der Mann eine warme Mütze?

Subjekte und Objekte erkennen
Verben und übrige verbale Teile kennzeichnen
Der Mann mit der Glatze *strickt* sich eine warme Mütze.
Die Wolle *hat* er seiner Schwiegermutter *gestohlen.*

Das Subjekt

steht immer im Nominativ und entscheidet, in welcher Person und Zahl das Verb steht.
Das Subjekt bestimmst du so:
- Bilde mit dem Verb einen Fragesatz:
  Wer/Was (Person/Sache) + Personalform + andere Satzglieder (+ übrige verbale Teile).
  Wenn du danach unsicher bist, ob das Gefundene wirklich Subjekt ist, also im Nominativ steht: Mache die Ersatzprobe. → S. 136
  Oder:
- Ersetze das Satzglied durch ein maskulines Nomen im Singular mit bestimmtem Artikel. Wenn die Nominativform passt, ist es das Subjekt.
  Oder:
- Bilde eine verbale Wortkette. Der Teil, der herausfällt, ist das Subjekt.

Das Akkusativobjekt

kommt sehr häufig vor.
Das Akkusativobjekt bestimmst du so:
- Bilde eine Frage mit
  Wen/Was (Person/Sache) + Personalform + andere Satzglieder (+ übrige verbale Teile).
Oder:
- Ersetze das Satzglied durch ein maskulines Nomen im Akkusativ Singular mit bestimmtem Artikel. Wenn die Form passt, handelt es sich um ein Akkusativobjekt.

Das Dativobjekt

nennt den Partner in der Handlung. Es handelt sich deswegen meistens um ein Lebewesen, also eine Person, ein Tier oder eine Pflanze.
Das Dativobjekt kommt im Satz häufig zusammen mit einem Akkusativobjekt vor.
Das Dativobjekt bestimmst du so:
- Bilde eine Frage mit
  Wem + Personalform + andere Satzglieder (+ übrige verbale Teile).
Oder:
- Ersetze das Satzglied durch ein maskulines Nomen im Dativ Singular mit bestimmtem Artikel. Wenn die Form passt, handelt es sich um ein Dativobjekt.

Grammatik und Rechtschreibung

Subjekt bestimmen
Mit der Wer/Was-Frage
Der Mann mit der Glatze strickt sich eine warme Mütze.
Wer/Was strickt sich eine warme Mütze? Antwort: Der Mann mit der Glatze
Die Wolle hat er seiner Schwiegermutter gestohlen.
Wer/Was hat seiner Schwiegermutter die Wolle gestohlen? Antwort: er

Durch Ersetzen mit einem maskulinen Nomen im Nominativ Singular

    Ist **die Wolle**
      Subjekt?   Nein, denn **Hund**
                                         steht im Akkusativ

Die Wolle hat er seiner Schwiegermutter gestohlen.
Den Hund hat er seiner Schwiegermutter gestohlen.

Durch Bilden einer verbalen Wortkette
sich eine warme Mütze stricken   heraus fällt: der Mann mit der Glatze
die Wolle seiner Schwiegermutter gestohlen haben   heraus fällt: er

Objekte bestimmen
Akkusativobjekt
Mit der Wen/Was-Frage
PF = Personalform
Wen/Was strickt der Mann mit der Glatze? **eine Mütze**
      PF   Subjekt
Wen/Was hat er seiner Schwiegermutter gestohlen? **die Wolle**
      PF Subjekt   Partizip II

Durch Ersetzen mit einem maskulinen Nomen im Akkusativ Singular
Der Mann mit der Glatze strickt sich **eine warme Mütze.**
Der Mann mit der Glatze strickt sich **den Pullover.**
Die Wolle hat er seiner Schwiegermutter gestohlen.
Den Hund hat er seiner Schwiegermutter gestohlen.

Dativobjekt
Mit der Wem-Frage
Wem strickt der Mann mit der Glatze eine Mütze?
sich
Wem hat er die Wolle gestohlen?
seiner Schwiegermutter

Durch Ersetzen mit einem maskulinen Nomen im Dativ Singular
Der Mann mit der Glatze strickt **sich** eine warme Mütze.
Der Mann mit der Glatze strickt **dem Hund** eine warme Mütze.
Die Wolle hat er **seiner Schwiegermutter** gestohlen.
Die Wolle hat er **dem Hund** gestohlen.

Das Genitivobjekt

kommt sehr selten vor. **Überprüfe** darum:
Wird es wirklich vom Verb verlangt? Ist es ein ganzes Satzglied oder nur ein Teil davon?
Ist es nur ein Teil eines Satzgliedes, handelt es sich um ein Attribut. → S. 150

Das Genitivobjekt bestimmst du so:
- Bilde eine Frage mit
  Wessen + Personalform + andere Satzglieder (+ übrige verbale Teile).

Oder:
- Ersetze das Satzglied durch ein maskulines Nomen im Singular mit bestimmtem Artikel. Wenn die Genitivform passt, ist es ein Genitivobjekt.

Das Präpositionalobjekt – eine spezielle Präpositionalgruppe

Präpositionalgruppen sind Satzglieder, die als Kern eine Präposition und ein Nomen haben. Je nach Präposition steht das darauf folgende Nomen/Pronomen im Dativ, Akkusativ oder Genitiv.
Wenn die Präpositionalgruppe eng mit dem Verb verbunden ist, handelt es sich um ein **Präpositionalobjekt.** Dann müssen Deutschlernende das Verb zusammen mit der Präposition lernen. → S. 208

Ein Präpositionalobjekt bestimmst du so:
Bilde eine Frage mit
Wo(r) + Personalform + andere Satzglieder (+ übrige verbale Teile).

Woran	erkennst du, leidest du, …
Worauf	wartet er, …
Woraus	besteht …
Wofür	dankt er ihm, …
Wogegen	demonstriert ihr, …
Womit	beschäftigt ihr euch, …
Wonach	sehnt ihr euch, …
Worüber	ärgert ihr euch, …
Wozu	gehört das, …

Wenn die Präpositionalgruppe **nicht vom Verb verlangt** wird, handelt es sich um ein **Adverbiale.** → S. 148
Überprüfe darum die Beziehung zum Verb genau, z.B. durch Infinitivbestimmung und Nachschlagen.

Grammatik und Rechtschreibung

Genitivobjekt
Mit der Wessen-Frage
Wessen bezichtigte ihn seine Frau? der Lüge

Durch Ersetzen mit einem maskulinen Nomen im Genitiv Singular
Seine Frau bezichtigte ihn **der Lüge.**
Seine Frau bezichtigte ihn **des Diebstahls.**

Präpositionalobjekte
Alle beteiligten sich eifrig an der Diskussion.
Sie hat sich nach langem Hin und Her für die Informatik-Lehre entschieden.
In diesem Buch geht es um eine junge Frau.
Wor**a**n beteiligten sich alle?   Präposition beginnt mit Vokal: Füge-r
Wofür hat sie sich entschieden?
Wor**u**m geht es?
beteiligen   sich beteiligen an + D
entscheiden   sich entscheiden für + A
gehen   gehen um + A

Präpositionalgruppe als Adverbiale
Vollständiger Satz:
Er isst Spaghetti.

Satz mit der Frage *Wie* ausgebaut:
Er isst Spaghetti <u>mit den Händen.</u>
                         ▲
            Adverbiale der Art und Weise

Vollständiger Satz:
Er trommelt.
Satz mit den Fragen *Wann* und *Wo* ausgebaut:
Er trommelt <u>abends</u> <u>im Badezimmer</u>.
                  ▲   ▲
       Adverbiale der Zeit Adverbiale des Ortes

Adverbiale

sind Satzglieder, die nicht direkt vom Verb verlangt werden. Sie haben eine Bedeutung für den ganzen Satz.
Adverbiale beantworten die W-Fragen
- *Wann / Wie lange / Wie oft / Bis wann / Seit wann u.a.*
- *Warum*
- *Wie*
- *Wo/Woher/Wohin*

Mit ihrer Hilfe baust du Sätze aus. Oft liefern die Adverbiale eine wichtige Information.

Das Adverbiale der Zeit (temporal)
antwortet auf die Fragen *wann, wie lange, wie oft, seit wann u.a.*

Das Adverbiale des Grundes (kausal)
antwortet auf die Frage *warum.*

Das Adverbiale der Art und Weise (modal)
antwortet auf die Fragen *wie, auf welche Art.*

Das Adverbiale des Ortes (lokal)
antwortet auf die Fragen *wo, woher, wohin.*

Grammatik und Rechtschreibung

Adverbiale: zusätzliche Informationen im Satz

Das Adverbiale der Zeit

Jedes Jahr strickt sich der Mann mit der Glatze eine Mütze.
wie oft
Der Mann mit der Glatze strickt **von 11 bis 23 Uhr** an der Mütze.
wie lange

Das Adverbiale des Grundes

Der Mann mit der Glatze strickt sich **zum Spass** eine Mütze.
warum

Das Adverbiale der Art und Weise

Der Mann mit der Glatze strickt sich **mühsam** eine Mütze.
Der Mann mit der Glatze strickt sich **mit Leidenschaft** eine Mütze.
wie/auf welche Weise

Das Adverbiale des Ortes

Der Mann mit der Glatze strickt sich **im Bett** eine Mütze.
wo

Teil eines Satzglieds: das Attribut

beschreibt den «Kern» des Satzglieds, meist ein Nomen, näher. Es bleibt deshalb mit diesem Kern fest verbunden, da sonst der Satz seinen Sinn ändert.

Attribute sind häufig Adjektive oder Nomen.
Das Nomen
- steht im Genitiv oder
- erscheint zusammen mit einer Präposition.

Ein Attribut bestimmst du so:
- Bestimme die Satzglieder. → S. 140
- Bilde für jedes Satzglied eine Frage mit
  Was für ein ... + Kern des Satzglieds.

Grammatik und Rechtschreibung

Attribut
Es beschreibt den Kern des Satzglieds
Der Mann mit der Glatze strickt sich eine warme Mütze aus Wolle.
　　　　Attribut　　　　　　　　　*Attribut*　　　*Attribut*
Eine Frau ohne Mann ist wie ein Fisch ohne Fahrrad.
　　　Attribut　　　　　　　　*Attribut*

Es bleibt mit diesem Kern fest verbunden, sonst ändert der Satz den Sinn.
~~Der Mann aus warmer Wolle strickt sich mit der Glatze eine Mütze.~~

Das Nomen steht im Genitiv
Der Hund ist der Freund des Menschen.
Der Stich der Biene tat weh.

Das Nomen erscheint mit einer Präposition
Der Mann mit der Glatze
Ein Fisch ohne Fahrrad
Eine Mütze aus Wolle

Nach dem Attribut fragen
Was für ein Mann?　Der Mann mit der Mütze.
　　　　　　　　　　　　　　　　Attribut
Was für eine Frau?　Eine Frau ohne Mann.
　　　　　　　　　　　　　　　　Attribut
Was für ein Stich?　Der Stich der Biene.
　　　　　　　　　　　　　　　Attribut

Sätze

Zusammengesetzte Sätze

Teilsätze finden und mit ihnen arbeiten

Der Teilsatz:
- ist Teil eines zusammengesetzten Satzes.
- hat eine Personalform und Satzglieder.
- kann Hauptsatz oder Nebensatz sein.
- wird durch ein Komma von anderen Teilsätzen abgetrennt.

Einen Teilsatz bestimmst du so:
- Markiere die Personalform.
- Ordne die dazugehörigen Satzglieder zu.

Wenn du die Teilsätze gefunden hast, kannst du:

T: – den zusammengesetzten Satz umstellen.
  – aus einem langen Satz zwei oder mehrere machen.
  – die Zeiten innerhalb des zusammengesetzten Satzes aufeinander abstimmen.

G und Rechtschreibung:
  – die Zeichensetzung überprüfen.

Grammatik und Rechtschreibung

Ein Teilsatz hat eine Personalform
<u>Ich *küsse* keine Frösche mehr,</u> <u>da sie sich ja doch nie in Prinzen *verwandeln*.</u>
Teilsatz   *Teilsatz*

Ein Teilsatz kann Haupt- oder Nebensatz sein
<u>Ich *küsse* keine Frösche mehr,</u> <u>da sie sich ja doch nie in Prinzen *verwandeln*.</u>
Hauptsatz   *Nebensatz*

<u>Wenn sie sich in Prinzen *verwandeln würden*,</u> <u>*würde* ich sie züchten.</u>
Nebensatz   *Hauptsatz*

<u>Ich *küsse* noch diesen Frosch,</u> <u>aber danach *werde* ich nie mehr welche *küssen*.</u>
Hauptsatz   *Hauptsatz*

Mit Teilsätzen arbeiten
Ich küsse keine Frösche mehr, da sie sich ja doch nie in Prinzen verwandeln.

T: den zusammengesetzten Satz umstellen
Da sie sich ja doch nie in Prinzen verwandeln, küsse ich keine Frösche mehr.

T: aus einem langen Satz zwei oder mehrere machen
Ich küsse keine Frösche mehr. Sie verwandeln sich ja doch nie in Prinzen.

T: die Zeiten innerhalb eines Satzes aufeinander abstimmen
Ich küsse keine Frösche mehr, da sie sich ja doch nie in Prinzen <u>verwandelt haben.</u>

G und Rechtschreibung: die Zeichensetzung überprüfen
Ich *frage* mich, ob das richtig ist.   *gemachte Erfahrung! vorzeitig*

*Zwei Personalformen,
also zwei Teilsätze, also
ein Komma setzen.*

Die Handlungsrichtung: Aktiv und Passiv

In einem Aktivsatz steht das Subjekt im Vordergrund: eine handelnde Person oder die Ursache; hier «Verursacher» genannt.
Der Aktivsatz beantwortet die Frage: *Wer/Was macht ...?* oder: *Was verursacht ...?*

In einem Passivsatz steht die Handlung selber im Vordergrund.
Er beantwortet eine Frage wie: *Was passiert da? Was ist da los?*

Im Passiv gibt es genau so viele Zeiten wie im Aktiv.
- Bilde das Passiv mit dem Hilfsverb *werden* + Partizip II.
- Setze für Präsens und Präteritum *werden* in die entsprechende Zeit.
- Bilde Perfekt, Plusquamperfekt und Futur II* mit dem Hilfsverb *sein* + Partizip II + *worden*

   * Passivsätze im Futur II drücken eine Vermutung aus.

Verwandle einen Aktivsatz in einen Passivsatz ohne «Verursacher»
In einem Aktivsatz ohne Akkusativobjekt:
- Streiche das Subjekt.
- Behalte die übrigen Satzglieder bei.
- Behalte die Zeit des Verbs bei.

In einem Aktivsatz mit Akkusativobjekt:
- Streiche das Subjekt.
- Mache das Akkusativobjekt zum Subjekt.
- Behalte die übrigen Satzglieder bei.
- Behalte die Zeitform des Verbs bei.

Verwandle einen Aktivsatz in einen Passivsatz mit «Verursacher»
Der «Verursacher» (im Aktivsatz Subjekt, Nominativ) wird im Passivsatz mit einer Präpositionalgruppe angegeben:
- *von* für den «Verursacher»
- *durch* für eine Massnahme, eine Mittelsperson
- *mit* für ein Mittel, ein Instrument, einen Umstand

Oft ist *durch* oder *von* richtig.

Grammatik und Rechtschreibung

Aktivsatz
Luca näht eine Tasche.

Passivsatz
Die Tasche wird genäht.

Zeiten im Passiv

Präsens:	*Die Tasche wird genäht.*
Präteritum:	*Die Tasche wurde genäht.*
Perfekt:	*Die Tasche ist genäht worden.*
Plusquamperfekt:	*Die Tasche war genäht worden.*
Futur I:	*Die Tasche wird genäht werden.*
Futur II:	*Die Tasche wird genäht worden sein.*

Aktivsatz in Passivsatz umwandeln
Ohne «Verursacher»
Ohne Akkusativobjekt

~~Die Schüler~~	haben	der Lehrerin nicht	geantwortet.
Subjekt	*V im Perfekt*	*Dativobjekt*	
Der Lehrerin	ist	nicht	geantwortet worden.
Dativobjekt			

Mit Akkusativobjekt

~~Luca~~	näht	eine Tasche.
Subjekt	*V im Präsens*	*Akkusativobjekt*
Eine Tasche	wird	genäht.
Subjekt	*werden im Präsens*	

Mit «Verursacher»
Das Kind darf prinzipiell nur von ihm gewickelt werden.
Er ist vom Schlag getroffen worden.
Durch Schläge ist noch nie jemand gut erzogen worden.
Ich wurde durch Zita auf diesen Kurs aufmerksam gemacht.
Dieses Bild wurde mit einer Leica aufgenommen.
Die Trauben werden mit Maschinen ausgepresst.

Die indirekte Rede

dient dazu, zu berichten, was andere gesagt haben. Dazu hast du drei Möglichkeiten:

Indikativ: für den privaten und mündlichen Gebrauch
Konjunktiv I: für den offiziellen und schriftlichen Gebrauch
Konjunktiv II: anstatt Konjunktiv I, wenn dieser dem Indikativ entspricht

Eine direkte in indirekte Rede umformen

- Lass die Satzzeichen der direkten Rede weg (Anführungs- und Schlusszeichen, Doppelpunkt).
- Setze das Verb in der direkten Rede in den Konjunktiv I. Falls dieser gleich ist wie der Indikativ: in den Konjunktiv II.
  Passe die Person an.
- Du kannst die indirekte Rede in einen *dass*-Satz verpacken, wenn es sich um eine Aussage handelt.
- Mach einen *ob*-Satz, wenn es sich bei der direkten Rede um eine Alternativfrage handelt. (Eine Frage, die mit Ja oder Nein beantwortet wird.)
- Behalte das W-Fragewort im Nebensatz bei, wenn es sich um eine W-Frage handelt.

Grammatik und Rechtschreibung

Indirekte Rede mit drei Möglichkeiten

Indikativ: *Sie sagte, dass sie nicht kommt.*
                 Wir sagten, dass wir nicht kommen.
Konjunktiv I: *Sie sagte, dass sie nicht komme.*   ✓
                 Wir sagten, dass wir nicht kommen.   gleich wie Indikativ, also:
Konjunktiv II: –   ▼
                 Wir sagten, dass wir nicht kämen.   ✓

Eine direkte in indirekte Rede umformen

«Ich komme heute nicht», sagte sie.
Person anpassen: *Sie komme heute nicht, sagte sie.*
dass-Satz: *Sie sagte, dass sie heute nicht komme.*   *kommen = 3. Person Pl.*
                                                  Indikativ, also Konjunktiv II

Bei Übereinstimmung mit Indikativ Konjunktiv II nehmen   *nehmen*

Sie sagten, sie kommen heute nicht.
                 ▼
Sie sagten, sie kämen heute nicht.

Ob-Satz für Alternativfragen

«Hat sie denn heute Zeit?» fragte sie mich.
Sie fragte mich, <u>ob</u> sie heute Zeit habe.

W-Fragewort beibehalten

«<u>Wo</u> wohnst du?» fragte sie mich.
Sie fragte mich, <u>wo</u> ich wohne.

Wörter

Die Einsetzprobe

hilft dir bei der Bestimmung der Wortart.
- Überlege zuerst, um was für eine Wortart es sich handeln könnte.
- Beachte die Eigenschaften der entsprechenden Wortart. → S. 192
- Mache dann ein Beispiel, in dem diese Eigenschaft ersichtlich wird. Dafür setzt du das Wort in einer neuen Wortgruppe ein.

Verben erkennen

Überprüfe durch Konjugieren des Wortes, ob es sich um ein Verb handelt.
Setze das Wort im Präsens in Personen: *ich, du, er/sie/es, wir, ihr, sie.*
Setze es in so viele Personen, bis du
- das Wort als Verb erkennst oder
- sicher bist, dass es sich nicht um ein Verb handelt.

Infinitiv des Verbs bilden
Wenn du nachschlagen musst, steht das Verb im Wörterbuch im Infinitiv.
- Suche die Personalform.
- Bilde den Infinitiv. Schlage unregelmässige Formen nach. → S. 204–207
- Setze einen Verbzusatz vorne ans Verb.

Wenn die Personalform ein Hilfs- oder Modalverb ist:
- Markiere den Infinitiv oder das Partizip II. Du findest sie im Hauptsatz am Ende, im Nebensatz vor der Personalform.
  - Partizipien erkennst du an der Endung -t oder -en.
    Oft haben sie ge- als Vorsilbe. Schlage unregelmässige Formen nach.
    → S. 204–207

Ausserdem:
- Wenn du die Formen überprüfen oder bestimmen willst, schlage in der Liste nach. → S. 194
- Wenn du mehr zu Bedeutung oder Gebrauch des Verbs wissen willst: Schlage im Wörterbuch nach.

Grammatik und Rechtschreibung

Die Einsetzprobe
G: die Wortart bestimmen
Überlegen, um was für eine Wortart es sich handeln könnte

Rita singt schön. Sie sang immer.   Adjektiv oder Partikel?

Eigenschaften der Wortarten beachten und in Wortgruppe anwenden

Adjektive können zwischen Begleiter und
Nomen stehen und verändern ihre Form.
Partikeln verändern sich nicht, können also nicht zwischen
Begleiter und Nomen stehen.

Rita singt schöne Lieder. | schön passt sich dem Nomen an, ist also ein Adjektiv.
Rita singt ein schönes Lied. |
Rita singt die schönen Lieder. |
Rita singt ~~immere~~ Lieder. | immer lässt sich nicht verändern, ist also eine Partikel.
Rita singt ein ~~immeres~~ Lied. |
Rita singt die ~~immeren~~ Lieder. |

Verben erkennen
Plötzlich öffnet sich die Tür vor ihnen.
Das Wort in verschiedenen Personen ausprobieren

plötzlich	~~ich plötzliche, du plötzlichst~~	Tür	~~ich türe, du türst, er türt~~
öffnet	ich öffne, du öffnest, er öffnet ✓	vor	~~ich vore, du vorst, er vort~~
sich	~~ich siche, du sichst, er sicht~~	ihnen	~~ich ihnene, du ihnenst~~
die	~~ich die, du diest, er diet~~		

Infinitiv des Verbs bilden
Personalform im Hauptsatz suchen

Er erwacht immer sehr früh.   erwachen
Er konnte gestern kaum die Augen offen halten.   können

Personalform im Nebensatz suchen

...., weil sein kleiner Sohn ihn geweckt hatte.
...., weil sein Hund ihn ansprang.   anspringen

Verbzusatz
Er wachte heute sehr früh auf.   aufwachen

Personalform ist ein Hilfs- oder Modalverb
Er konnte gestern kaum die
Augen öffnen.   öffnen
Er ist heute morgen sehr früh erwacht.   erwachen
..., weil sein Hund ihn angesprungen hat.   anspringen
..., weil sein kleiner Sohn ihn geweckt hatte. wecken

Nomen erkennen

Wenn du überprüfen willst, ob es sich bei einem Wort um ein Nomen handelt:
- Suche den zum Nomen gehörenden Begleiter im Satz.
- Falls es keinen hat: Probiere die bestimmten Artikel *der/die/das* davor aus. Wenn einer dazu passt, ist es ein Nomen.
- Kontrolliere wenn nötig mit dem Wörterbuch.

Geschlecht des Nomens bestimmen

Wenn du nachschlagen musst, steht das Nomen im Wörterbuch im Nominativ Singular.
Wenn im Text das Nomen im Plural oder in einem anderen Fall steht:
- Lass die Endung weg und/oder
- ersetze den Umlaut durch den entsprechenden Vokal.

Fall des Nomens bestimmen
- Maskuline Nomen im Singular:
  Schaue dir die Endungen vom Begleiter des Nomens an.
- Andere Nomen, also feminine, neutrale und solche im Plural:
  Ersetze das Nomen durch ein maskulines im Singular. Du kannst dafür immer das gleiche Nomen verwenden, z.B. *der Hund*.

 Es geht hier nur darum, ob die Form passt. Der Sinn ist dabei unwichtig!

Grammatik und Rechtschreibung

Nomen erkennen
Plötzlich öffnet sich die Tür vor ihnen.
Artikel ausprobieren
plötzlich	~~die plötzlich, der plötzlich~~
öffnet	~~die öffnet~~
sich	~~die sich, der sich~~
die	~~die die~~
Tür	*die Tür* ✓
vor	~~die vor, der vor~~
ihnen	~~die ihnen, der ihnen~~

In den Nominativ Singular setzen

	Endung		**Umlaut**
die Bäume	*Bäum~~e~~*		*ä ersetzt durch a = Baum*
die Bauern	*Bauer~~n~~*	*Bauer*	

Fall bestimmen: Nomen durch «Hund» ersetzen

Chinesen essen mit Stäbchen.   *Der Hund isst mit Stäbchen.*
Ich trage grüne Stiefel.   *Ich trage den grünen Hund.*
Ich höre der Lehrerin zu.   *Ich höre dem Hund zu.*
Das ist das Übel jeder Arbeit.   *Das ist das Übel des Hundes.*

Fall	Artikel
Nominativ	der
Akkusativ	den
Dativ	dem
Genitiv	des

Adjektive erkennen

Wenn du überprüfen willst, ob es sich bei einem Wort um ein Adjektiv handelt:
- Setze es zwischen den Artikel und ein Nomen.
  Wenn sich das Wort dem Nomen anpasst, handelt es sich um ein Adjektiv.
  Achtung: Es geht hier nur darum, ob die Form passt. Der Sinn ist dabei unwichtig!

Pronomen erkennen

Wenn du überprüfen willst, ob es sich bei einem Wort um ein Pronomen handelt:
Verwende es
- anstelle eines Nomens (als Stellvertreter) oder
- mit einem Nomen zusammen (als Begleiter).

Achtung: Das Pronomen kann verschiedene Fälle haben. Schau im Zweifelsfall in der Liste nach. → S. 199

Die Unterart des Pronomens bestimmen

Das gleiche Pronomen, z.B. *die*, kann verschiedenen Unterarten zugeordnet werden. Es kann, je nach Auftreten im Satz, Artikel, Relativ- oder Demonstrativpronomen sein.
- Schaue im Nachschlageteil nach.
- Ersetze das Pronomen durch eines, das eindeutig einer Unterart zugeordnet ist.
  → S. 199–201

Grammatik und Rechtschreibung

Adjektive erkennen
Plötzlich öffnete sich die Tür vor ihnen.

plötzlich	eine plötzliche Tante, ein plötzlicher Onkel, einem plötzlichen Ereignis ✓
öffnet	~~eine öffnete Tante~~
sich	~~eine siche Tante~~
die	~~eine die Tante~~
Tür	~~eine türe Tante~~
vor	~~eine vore Tante~~
ihnen	~~eine ihnene Tante~~

Pronomen erkennen
Als Stellvertreter oder Begleiter eines Nomens verwenden

sich?
Er wäscht die Tomate.   *Er wäscht sich.*   ✓ Stellvertreter

vor?
Er wäscht die Tomate.   ~~*Er wäscht vor.*~~

die?
Er wäscht die Tomate.   ✓ Begleiter
Er wäscht die Tomate.   *Er wäscht die.*   ✓ Stellvertreter

ihnen?
Er wäscht die Tomate.   *Er wäscht ihnen.*   ✓ Stellvertreter
                             → S. 199

Personalpronomen

er	ihm	ihn
sie	ihr	sie
es	ihm	es
sie	ihnen	sie

Unterart des Pronomens bestimmen
Die, die die Türe öffnet, ist meine Mutter.
▼   ▼   ▼
Jene   *welche*   *die*
Demonstrativ- Relativ-   Artikel
pronomen   pronomen

Jene, welche die Türe öffnet, ist meine Mutter.

Partikeln erkennen

Wenn du überprüfen willst, ob es sich bei einem Wort um eine Partikel handelt:
- Schliesse die Wortarten aus, um die es sich sicher nicht handelt.
- Überprüfe dann die verbleibenden Möglichkeiten. Wenn du z.B. nicht sicher bist, ob es sich um ein Adjektiv oder eine Partikel handelt:
  - Setze es zwischen den unbestimmten Artikel und ein Nomen. Wenn es sich anpasst, ist es ein Adjektiv. Wenn nicht, eine Partikel.

Die Unterart der Partikel bestimmen

Wenn du wissen willst, ob es sich
- bei der Partikel um eine **Konjunktion** handelt:
  - Setze sie zwischen zwei Adjektive oder
  - zwischen zwei Teilsätze.

- bei der Partikel um eine **Präposition** handelt:
  - Setze sie vor ein männliches Nomen mit Artikel.
  - Bei einigen Präpositionen passen Akkusativ und Dativ, bei manchen nur ein Fall: Akkusativ, Dativ oder (selten) Genitiv. Nominativ passt nie zu einer Präposition.
    Wenn du unsicher bist oder nicht weisst, welchen Fall die Präposition verlangt, schlage nach. → S. 202

Es gibt zudem Partikeln, die weder Präposition noch Konjunktion sind, z.B. *pfui, ja, danke, eben, hier, heute, gern, sehr, trotzdem*.

Grammatik und Rechtschreibung

Partikeln erkennen

Plötzlich öffnet sich die Tür vor ihnen.

	Verb	Nomen	Pronomen	Adjektiv	Partikel
plötzlich				des plötzlichen Onkels ✓	———
öffnet	✓				———
sich			✓		———
die			✓		———
Tür		✓			———
vor				~~des voren Onkels~~	✓
ihnen			✓		———

Unterart der Partikel bestimmen

Konjunktion?

Zwischen zwei Adjektive setzen

grün **und** blau, grün **oder** blau, nicht grün, **aber** blau

Zwischen zwei Teilsätze setzen

Es ist schön, **dass** du kommst.
Es ist schön, **wenn** du kommst.
Es ist schön, **ausser** du kommst.

Präposition?

Vor ein dekliniertes Nomen mit Artikel setzen

vor dem Tisch, **vor** den Tisch ✓

Techniken

An Rechtschreibung und Grammatik arbeiten

Es gibt zwei Gründe, um an Rechtschreibung und grammatischen Strukturen zu arbeiten:
- Du brauchst einen fehlerfreien Text, z.B. für eine Bewerbung.
- Längerfristig willst du bei der Rechtschreibung besser und in grammatischen Strukturen sicherer werden.

Einen fehlerfreien Text schreiben

Wenn du nicht sicher bist, wie du ein **Wort** schreibst:
- Leite das Wort ab. Suche Wörter aus der gleichen Wortfamilie.
- Bestimme die Wortart (z.B. für Gross- und Kleinschreibung → S. 138).
- Schlage nach im Nachschlageteil → S. 211–216, in Wörterbüchern oder in eigenen Sammlungen.
  Wenn du am Computer schreibst: Arbeite mit einem Rechtschreibeprogramm.
- Frage nach und/oder lasse den Text korrigieren.

Wenn du bei der **Zeichensetzung** nicht sicher bist, überprüfe mit folgenden Fragen:
- Ist ein Satz zu Ende?
  Lies laut. Der Satz ist zu Ende, wenn du eine grössere Pause machst. Meistens wird ein Satz mit einem Punkt abgeschlossen. Die Betonung zeigt, ob ein Fragezeichen oder ein Ausrufezeichen nötig ist.
- Hat ein Satz mehrere Teilsätze?
  Suche die Personalformen. Jeder Teilsatz hat eine Personalform und wird mit Komma abgetrennt.
- Liegt innerhalb eines Satzes eine Aufzählung vor?
  Wenn du ein «und» zwischen zwei Wörter setzen kannst, handelt es sich um eine Aufzählung. Dort ist ein Komma nötig.
- Liegt direkte Rede vor?
  Lies laut. Hörst du jemanden «direkt» sprechen?
  Falls ja: Setze zu Beginn der direkten Rede ein Anführungszeichen, am Schluss ein passendes Satzzeichen und das Schlusszeichen.
- Schlage nach im Nachschlageteil → S. 217–219, in Wörterbüchern (z.B. im Vorspann des Rechtschreibe-Dudens) oder in eigenen Sammlungen.
- Frage nach und/oder lasse den Text korrigieren.

Grammatik und Rechtschreibung

Ein Wort ableiten/Wörter aus der gleichen Wortfamilie suchen

*Wie schreibe ich:
Sie steht ä**nd**lich
auf … ?*

*Aha.
Das kommt von Ende:
endlich*

In Sammlungen nachschlagen

Gesprochen: t, geschrieben: d	Wortfamilie
kindlich	Kind
abendlich	Abend
feindlich	Feind
jugendlich	Jugend
endlich	Ende
verständlich	Verstand

Im Rechtschreibe-Duden nachschlagen
Verschiedene Schreibweisen prüfen:

äntlich

Ant|je (w. Vorn.)
Ant|litz, das; -es, -e (geh.)
An|toi|net|te [ãtŏa nɛt(ə), auch ä...] (w. Vorn.)

ändlich

an|din (die Anden betreffend)
an|do|cken (dt.; engl.) (ein Raumfahrzeug an das andere koppeln)
An|dor|ra (Staat in den Pyrenäen); **An|dor|ra|ner**; **An|dor|ra|ne|rin**; **an|dor|ra|nisch**

entlich

ent|lei|hen (für sich leihen); **Ent|lei her**; **Ent|lei|he|rin**; **Ent|lei|hung**
ent|lie|ben, sich (scherzh. für aufhören zu lieben)
ent|lo|ben, sich; **Ent|lo|bung**

endlich

End|lauf
end|lich; eine endliche Größe; aber ↑K72 : im Endlichen (im endlichen Raum); **End|lich|keit** Plur. selten
end|los; endloses Band; aber ↑K72 : bis ins Endlose; **End|los band**, das; Plur. ...bänder; **End|los|for|mu|lar**

Satzzeichen überprüfen
Patrick hat von seiner Grossmutter eine Digitaluhr bekommen als sein Vater fragt wie spät es sei antwortet er elf geteilt durch dreissig aber ausrechnen musst du das selbst

Ist das ein Satz / sind das mehrere Sätze? Laut lesen
*Patrick hat von seiner Grossmutter eine Digitaluhr bekommen./
Als sein Vater fragt wie spät es sei antwortet er elf geteilt durch dreissig./
Aber ausrechnen musst du das selbst!/*

Haben diese Sätze mehrere Teilsätze? Personalformen suchen
Patrick hat von seiner Grossmutter eine Digitaluhr bekommen. Als sein Vater fragt, wie spät es sei, antwortet er elf geteilt durch dreissig. Aber ausrechnen musst du das selbst!

Liegen hier Aufzählungen vor? «Und» einsetzen
Nein.

Liegt direkte Rede vor? Laut lesen
Patrick hat von seiner Grossmutter eine Digitaluhr bekommen. Als sein Vater fragt, wie spät es sei, antwortet er: «Elf geteilt durch dreissig. Aber ausrechnen musst du das selbst!»

Längerfristig bei der Rechtschreibung besser und in grammatischen Strukturen sicherer werden

Wenn du immer wieder auf ähnliche Schwierigkeiten stösst, solltest du dich genauer damit befassen. Kläre bei der Lehrperson ab, mit welchen Bereichen du dich auseinandersetzen solltest.

- Zuerst musst du die richtige Schreibweise/Zeichensetzung/Struktur kennen:
    - Schlage nach.
    - Frage nach.
    - Arbeite mit korrigierten Texten.
- Erfasse die richtige Schreibweise/Zeichensetzung/Struktur auf Karteikarten oder in Sammlungen.
    - Merke sie dir schon beim Abschreiben.
    - Markiere die problematischen Stellen mit deiner Lieblingsfarbe.
- Lerne und übe.

Die Kartei

Geeignet	Ungeeignet

• für Einzelwortschreibung oder einzelne Strukturen
  – zum systematischen Lernen und Repetieren
  – zum selbstständigen Überprüfen des Gelernten
	• für das Katalogisieren
	• zum Nachschlagen
	• für das Thema «Zeichensetzung»

Rechtschreibung und grammatische Strukturen zum Lernen aufbereiten

- Formuliere das, was du lernen musst, in einem Satz auf die eine Seite einer Karteikarte.
- Schreibe auf die andere Seite denselben Satz, aber lasse an der problematischen Stelle eine Lücke.

Grammatik und Rechtschreibung

Die Kartei

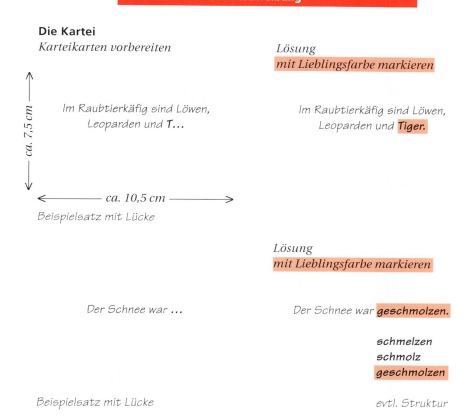

Karteikarten vorbereiten

ca. 7,5 cm

Im Raubtierkäfig sind Löwen,
Leoparden und **T**...

← ca. 10,5 cm →

Beispielsatz mit Lücke

Lösung

mit Lieblingsfarbe markieren

Im Raubtierkäfig sind Löwen,
Leoparden und Tiger.

Der Schnee war ...

Beispielsatz mit Lücke

Lösung

mit Lieblingsfarbe markieren

Der Schnee war geschmolzen.

schmelzen
schmolz
geschmolzen

evtl. Struktur

Lernen
- Suche einen Ort, wo du ungestört bist.
- Arbeite mit 10 bis 15 Karten pro Lerneinheit.
- Präge dir die Lösungen in den Beispielsätzen ein:
  - Lies und buchstabiere sie ein paar Mal halblaut.
  - Schreibe sie in die Luft.
  - Arbeite mit Bildern und Eselsbrücken.
- Arbeite nun mit den Lückensätzen.
- Falls die Lösung nicht stimmt: Präge sie dir nochmals auf die oben beschriebene Art ein.

- Bewege dich während des Lernens. Gehe langsam umher.

Kontrollieren
- Mische die Karten.
- Gehe sie nochmals Stück für Stück durch. So kontrollierst du, ob du die Lösungen auch in einer anderen Reihenfolge weisst.
- Lege die Karten, deren Lösung du auswendig weisst, ins erste Fach der Rechtschreibekartei.

Repetieren
- Ist das erste Fach voll: Repetiere die Karten darin. Karten, deren Lösung du immer noch weisst, kommen ins zweite.
  Lerne Karten, deren Lösung du nicht mehr weisst, nochmals zusammen mit neuen. Wenn du sie beherrschst: Lege sie ins erste Fach.
- Repetiere nach einer gewissen Zeit erneut die Karten im ersten Fach. Gehe dabei wie oben beschrieben vor.
  Repetiere danach die Karten im zweiten Fach. Karten, deren Lösung du immer noch weisst, kommen ins dritte Fach. Die anderen legst du ins erste zurück.
  Fahre auf diese Art und Weise weiter: Karten, deren Lösung du weisst, kommen immer in das nächste Fach, die anderen fallen ins erste zurück.
- Wenn du die Karten im fünften Fach beherrschst, kannst du sie wegwerfen.

- Repetiere die Karten, wenn die Fächer voll sind.
- Versieh Karten, die du lernen oder repetieren musst, mit einem Gummiband. Trage sie mit dir herum und repetiere sie während Leerzeiten (z.B. beim Warten). Umwickle die Karten, deren Lösung du weisst, mit einem zweiten Gummiband.

Grammatik und Rechtschreibung

Mit eigenen Bildern/Eselsbrücken arbeiten

Beim Putzen singt mein Vater immer das Lied «Frère Jacques»

1. L**ied**: Am besten zeichne ich **zwei Noten.** Das lange i bei Lied im Sinne von Gesang besteht ja auch aus **zwei Buchstaben** …
2. Ich merke mir das mit zwei verschiedenen Tönen: Li-ed
3. Aha, im Dialekt heisst es ja auch «L i e d».

Das Schriftbild ablesen / die Eselsbrücken abrufen

Lernkartei

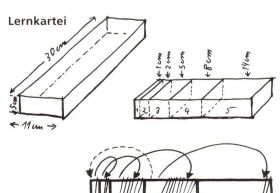

So wandern Karten, deren Lösung du weisst.

So wandern Karten, deren Lösung du nicht weisst.

Die Sammlung

geeignet	weniger geeignet

• für das Katalogisieren von
  – Einzelwortschreibung oder einzelnen Strukturen
  – Zeichensetzung
• zum Nachschlagen
	• zum systematischen Lernen und Repetieren
	• zum Überprüfen des Gelernten

Rechtschreibung und grammatische Strukturen katalogisieren

Voraussetzung ist, dass du Ähnlichkeiten mit anderen bekannten Wörtern/Zeichensetzungen/grammatischen Strukturen erkennst.
- Stelle pro Kennzeichen eine eigene Sammlung her.
  Sammlungen können verschieden aussehen: Listen, Bäume, Mindmaps. Für Wortfamilien eignen sich z.B. Bäume.
- Versuche die Sammlung in weitere Kriterien zu unterteilen.

 Wenn du mit der Ordnung Mühe hast, oft Dinge verlierst: Schreibe deine Sammlungen nicht auf Einzelblätter, sondern auf eine Doppelseite in ein Heft.

Grammatik und Rechtschreibung

Pro Kennzeichen eine eigene Sammlung herstellen

Sammlung 1 (Liste)

Sprich: Langes i	Schreibe: i				
Nomen	Verben	Pronomen	Adjektive	Partikeln	= Kriterien
das Benzin	gib!	dir			
der Tiger	erwidern				
die Violine	er ging				
die Mine (Goldmine)	sie hing				
das Lid (Augendeckel)	sie empfing				

Sammlung 2 (Liste)

Sprich: Langes i	Schreibe: ie				
Nomen	Verben	Pronomen	Adjektive	Partikeln	= Kriterien
das Sieb	sie probiert		tief	ziemlich	
die Liebe	er rief		gierig		
der Frieden	man lief				
die Miene (Gesichtsausdruck)					
das Lied (Gesang)					

Sammlung 3 (Wortfamilie in Form eines Mindmaps)

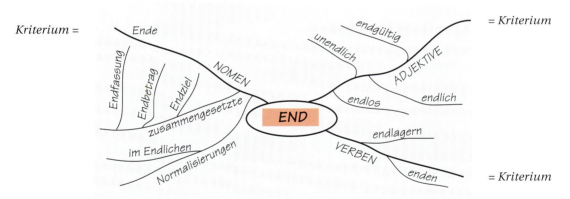

Sammlung 4 (Wortfamilie in Form eines Baums)

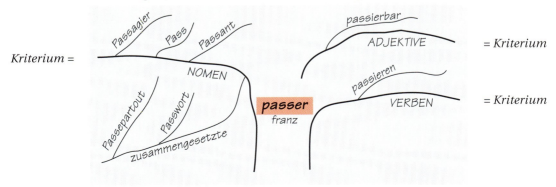

Techniken

Sammlung 5

Das Komma gliedert Aufzählungen
1. Für dieses Dessert brauchst du 150 Gramm Erdbeeren, eine Kiwi, zwei Pfirsiche, ein paar Trauben, einen Esslöffel Vollrohrzucker, den Saft einer Zitrone, einen Deziliter Rahm und zwei Esslöffel gehackte Haselnüsse.
5. Die Hühner gackerten, die Enten schnatterten, und der Hund bellte.

Sammlung 6

Das Komma trennt Teilsätze
1. Während wir spielten, regnete es in Strömen.
2. Als ich klein war, schaute ich unters Bett, bevor ich schlafen ging.
6. Zuerst verscheuchte ich das Ungeheuer unter dem Bett, danach konnte ich endlich schlafen.

Sammlung 7

Starke Verben auf a
1. fahren, er fährt, ihr fahrt
2. graben, er gräbt, ihr grabt

Sammlung 8

Deklination mit -(e)n
1. der Student – Ich helfe dem Studenten
2. der Hase – Ich sehe den Hasen
3. der Kollege – Der Hund des Kollegen
10. der Bauer – Die Bauern protestieren

Grammatik und Rechtschreibung

Nachschlageteil

Mustertexte

Einige Schreibziele stellen ganz bestimmte Anforderungen an die Form und die sprachliche Ausdrucksweise eines Textes. In diesem Abschnitt werden dir folgende Beispiele gezeigt:
  – Anfrage
  – Bewerbung
  – Tabellarischer Lebenslauf
  – Protokoll
  – Wandzeitung
- Studiere zuerst ein Musterbeispiel, bevor du einen entsprechenden Text schreibst.

Die Anfrage

Wenn du für eine Schnupperlehrstelle oder gar eine Lehrstelle keine Angebote hast, kannst du auch mögliche Interessentinnen und Interessenten «blind» anschreiben.

Adressen findest du im BIZ, im Branchenbuch, im Internet und über Bekannte, welche die Firma kennen.

In eine Anfrage gehören:

1. Betreff: Grund des Schreibens in wenigen Worten

2. Allgemeine Bemerkungen zu deiner Person

3. Die Absicht, die du mit diesem Schreiben verfolgst.

4. Gründe für dein Anliegen und dafür, dass du dich gerade an diese Empfängerin/ diesen Empfänger richtest (persönliche Bezugnahme).

5. Angebot für ein persönliches Gespräch, evtl. Angebot, weitere Unterlagen (z.B. Zeugnisse) zuzustellen und/oder Hinweis, dass und wie du selber Kontakt aufnehmen wirst.

6. Schlusssatz bzw. Grussformel

Renata Cathomas
Haldenweg 13
5001 Aarau
Tel. 062 / 223 17 81

Roth und Pletz AG
Personalabteilung
Industriestr. 21
5000 Aarau

Aarau, den 29. Aug. 2003

Anfrage Schnupperlehre

Sehr geehrte Damen und Herren

Vom 6.–18. Oktober führen wir von der 3. Sek B unsere Schnupperlehren durch. Deshalb möchte ich Sie anfragen, ob ich diese bei Ihnen als Werkzeug-Mechanikerin absolvieren kann.

Im Werken habe ich besonders gern mit Metall gearbeitet und bin nach Aussagen meines Lehrers exakt und sorgfältig. Ihre Firma ist mir durch meinen Cousin, Felix Andermatt, bekannt. Er hat letztes Jahr bei Ihnen die Lehre abgeschlossen. Auch darum würde ich meine erste Schnupperlehre gerne bei Ihnen machen.

Gerne komme ich auch persönlich zu einem Gespräch bei Ihnen vorbei und schicke Ihnen weitere Unterlagen zu.

Ich werde mir erlauben, mich in den nächsten Tagen bei Ihnen telefonisch nach Ihrem Interesse zu erkundigen.

Freundliche Grüsse

R. Cathomas

Die Bewerbung

Du bist dir über deine Berufswünsche im Klaren. Nach Betriebsbesichtigungen und Schnupperlehren hast du dich nun für einen Beruf entschieden. Du erfährst von einer freien Lehrstelle. Kläre zunächst (telefonisch) ab, ob sie noch frei ist und in welcher Form du dich bewerben sollst. Meistens wird eine schriftliche Bewerbung verlangt. Grosse Firmen geben z.T. Personalienblätter ab. Das sind Formulare, wo du deine Daten einträgst. Sie ersetzen den Lebenslauf.

Normalerweise besteht eine schriftliche Bewerbung aus:
- einem Bewerbungsschreiben
- einem Lebenslauf mit Passfoto und Referenzen
- einer Kopie des letzten Zeugnisses

- Verwende für eine Bewerbung weisses Papier von guter Qualität.
- Schreibe mit dem Computer resp. falls von Hand: mit schwarzer oder blauer Tinte.
- Schreibe das Passfoto hinten mit deinem Namen an. Hefte oder klebe es auf den Lebenslauf.
- Stecke Lebenslauf und Zeugniskopie ungefaltet in ein Klarsichtmäppchen. Zuhinterst kannst du zur Verstärkung einen schönen Karton legen. Lege das Bewerbungsschreiben oben drauf.
- Verschicke die Bewerbungsunterlagen per A-Post.

Das Bewerbungsschreiben

Das Bewerbungsschreiben ist ein Begleitbrief zum Lebenslauf oder einem Personalienblatt.

In ein Bewerbungsschreiben gehören:

1. Betreff: Grund des Schreibens

2. Einstieg: Woher weisst du von der freien Stelle?

3. Bewerbungssatz

4. Allgemeine Bemerkungen zu deiner Person:
   Wer bist du? Was kannst du? Wo bist du gut?

5. Gründe, die dich veranlassen, dich für diesen Beruf und diese Stelle in diesem Betrieb zu interessieren.

6. Ziele

7. Schlusssatz

Nachschlageteil

Rahel Keller
Gugelrebenstr. 71
8912 Obfelden

Herrn
Peter Müller
Seewadelstr. 55
8915 Affoltern am Albis

Obfelden, 24. April 2004

Bewerbung um die Lehrstelle als Baumschulgärtnerin

Sehr geehrter Herr Müller
Im Internet bin ich auf Ihre freie Baumschulgärtnerinnen-Lehrstelle gestossen.
Ich interessiere mich sehr für diesen Beruf und bewerbe mich hiermit um diese Lehrstelle.
Zurzeit besuche ich noch die 3. Sek A. Meine Lieblingsfächer sind Biologie, vor allem Botanik, Deutsch und Mathematik. Schon lange liebe ich Pflanzen. Ich helfe oft meiner Mutter im Garten. Nach meiner Schnupperlehre als Baumschulgärtnerin bei Herrn Merz in Mettmenstetten stand mein Berufswunsch fest.
Ich kenne Ihren Betrieb ein bisschen, da ich hin und wieder mit meiner Mutter in Ihrer Gärtnerei einkaufen komme. Sie und Ihre Angestellten nehmen sich jeweils viel Zeit für uns und beraten uns sehr gut.
Gerne würde ich, wenn dies möglich ist, die Berufsmittelschule besuchen.
Ich freue mich, wenn ich Ihr Interesse geweckt habe, und warte gespannt auf Ihre Antwort.

Freundliche Grüsse

R. Keller

Lebenslauf mit Foto und Referenz
Zeugniskopie

Weitere mögliche Einstiege:
Traditionell: *Dem Affoltener Anzeiger vom 23.4.04 entnehme ich, dass Sie ab Sommer 2004 eine Baumschulgärtnerinnen-Lehrtochter suchen.*
Oder moderner:
Ihre Lehrstelle im Affoltener Anzeiger vom …
Sie suchen ab Sommer 2004 eine Baumschulgärtnerinnen-Lehrtochter. Ich interessiere mich sehr für die ausgeschriebene Stelle.

Weitere mögliche Schlusssätze:
Habe ich Ihr Interesse geweckt? Ich freue mich, wenn Sie mich kennen lernen möchten.
Oder:
Sind Sie an einem Gespräch interessiert? Ich bin es und freue mich auf Ihre Antwort.

Der tabellarische Lebenslauf

Ein schriftlicher Lebenslauf gehört in jede Bewerbung. Er gibt über deine Person Auskunft.

In einen Lebenslauf gehören:

- persönliche Daten
  an Stelle von Nationalität bei Schweizer Bürgerinnen und Bürgern:
  Bürgerort: z.B. Herisau, AR

- aufgeklebtes Passfoto (hinten mit Namen beschriftet, falls es wegfällt)

- besuchte Schulen, längere Zusatzkurse

- weitere Kenntnisse

- evtl. Hobbys, sofern sie etwas mit dem Beruf zu tun haben

- Referenzen: Das sind Leute, die über dich in beruflicher Hinsicht eine (gute) Auskunft geben können, z.B. deine Klassenlehrerin (oder der Chef, der in der Schnupperlehre mit dir zufrieden war, die Chefin vom Ferienjob etc.)
  Frage deine Referenzpersonen vorher an!

Lebenslauf

Persönliche Daten

Name:	Menkell
Vorname:	Anika
Adresse:	Ausostrasse 34
	3027 Bümpliz
Telefon:	031/992 12 87
E-Mail:	amenk@bluesurf.ch
Geburtsdatum:	14. Feb. 1987
Nationalität:	Schweden
Eltern:	Meret Menkell Janson/Ole Janson-Menkell
Berufe der Eltern:	Physiotherapeutin/Hausmann, Bildhauer

Foto

Besuchte Schulen

1993–1995	Grundschule in Malmö, Schweden
1995–1996	Primarschule, KKE, Schulhaus Höllerli, Bümpliz
1996–1999	Primarschule, 3. – 5. Klasse, Schulhaus Höllerli, Bümpliz
	HKS-Kurs besucht
1999–2003	Sekundarschule B, Schulhaus Immerweg, Bümpliz

Weitere Kenntnisse

10-Finger-System
Nothelferinnenkurs

Referenz

Frau Rita Haumirais, Klassenlehrerin,
Allweg 16, 3003 Bern, Tel. Schulhaus Immerweg 031/991 14 81
Tel. P: 031/272 18 19 (werktags 17 – 20 Uhr)

Das Beschluss-Protokoll

hält Beschlüsse fest, die an einer Versammlung oder Sitzung gefasst werden.
Es wird von der Protokollführerin/vom Protokollführer erstellt und später den anderen Sitzungs- oder Diskussionsteilnehmerinnen und -teilnehmern abgegeben. Es ist verbindlich.

Jedes Thema, das an einer Sitzung behandelt wird, entspricht einem Traktandum. Die Traktandenliste wird spätestens zu Beginn der Sitzung von der Leitung bekannt gegeben.

Vorbereitung
- Studiere die Traktandenliste.
  Überlege dir, was dich in etwa erwartet.
- Bereite Notizblätter vor:
  Trage Anlass, Ort, Datum, die Namen der Anwesenden und Entschuldigten, den Namen der Leitung und den Beginn der Sitzung ein.

Durchführung
- Nummeriere die Traktanden.
- Schreibe Beschlüsse und Anträge im Wortlaut auf.
- Wenn du mit Schreiben nicht nachkommst:
  – Bitte die Sitzungsleitung, einen Beschluss, bzw.
  – die Antragstellerinnen und -steller, ihren Antrag zu wiederholen.
- Trage oben auf dem Blatt die Zeit ein, zu der die Sitzung beendet ist.

Nachbereitung
- Ergänze deine Notizen so schnell wie möglich nach der Sitzung.
- Frage bei anderen nach, wenn du etwas nicht ganz verstanden hast.
- Schlage evtl. in Unterlagen nach, die der Traktandenliste beigelegt wurden.
- Schreibe das Protokoll so schnell wie möglich ins Reine.
  – Formuliere im Präsens.
  – Benutze wortwörtliche und direkte Rede für Beschlüsse und Anträge.
- Setze zuunterst Ort, Datum und deine Unterschrift.
- Kopiere und verteile das Protokoll.

Protokoll der 9. Klassensitzung der 2. Sek A, Schulhaus Kirchfeld, Zürich vom 24. März 2004, Beginn: 8.30 Ende: 9.15
Sitzungsleitung: Marisa Caruso
Anwesend: ganze Klasse, Klassenlehrerin Frau Gyaltsen
Entschuldigt: Anja (Schnupperlehre)

Traktanden

1. Protokoll vom 10. März 04
Einstimmig angenommen und verdankt.

2. Mitteilungen
– Fatime berichtet von der Informationsveranstaltung für die Informatikerlehre in Winterthur. Weil sich so viele Schülerinnen und Schüler angemeldet haben, wird am nächsten Mittwoch noch eine weitere Veranstaltung stattfinden. Wer sie besuchen will, soll sich bis Montag 11 Uhr bei Fatime melden. Sie wird dann alle Interessierten beim Veranstalter anmelden.
– Die Anmeldeformulare für das Lager in Lenk werden ab nächsten Mittwoch in den Klassen verteilt!

3. Hausaufgaben
– Jose stellt folgenden Antrag: Dragan führt ab sofort das Klassenbuch zuverlässig. Er wird dabei von einem Mitschüler kontrolliert.
– Beschluss einstimmig angenommen, 5 Enthaltungen. Sofia überprüft die Einträge. Für die nächste Klassensitzung werden die Hausaufgaben nochmals traktandiert.

4. Pausenplatzordnung, Traktandum Schülerinnen- und Schülerorganisation
– Vorschlag Delila: Es sollen mehr Abfalleimer aufgestellt werden.
10:15 abgelehnt.
– Vorschlag Hussein: Eine Plakataktion im Schulhaus durchführen. Im Zeichenunterricht sollen Plakate angefertigt werden, die SchülerInnen motivieren, ihren Abfall selber zu entsorgen.
13:10 angenommen, 2 Enthaltungen.
– Vorschlag Petra: Jede Klasse stellt einmal pro Woche eine Putzequipe, die das Areal reinigt. 17:8 abgelehnt.
– Beschluss: Unsere Klasse schlägt an der SO eine Plakataktion vor. Das Thema Pausenplatzordnung wird nochmals traktandiert.

Zürich, 25. März 2004   Der Protokollführer: A. Caduff

Die Wandzeitung

- hat Plakatformat.
- hängt in einem öffentlichen Raum an Anschlagbrettern oder Stellwänden.
- wird von Leuten gelesen, die zufällig an ihr vorbeigehen oder sich bewusst informieren wollen.
- informiert kurz und bündig über wesentliche Aspekte eines Themas.
- ist übersichtlich durch Haupttitel und Untertitel gegliedert.
- ist mit Bildern, Zeichnungen und Grafiken illustriert.
- kann aus einer Distanz von etwa einem Meter gelesen werden.

Vorgehen
- Wähle die Texte, Grafiken und Bilder aus, die du präsentieren willst.
- Wähle kurze Texte aus.
- Fasse lange Texte zusammen.
- Schreibe eigene kurze Texte.
- Wähle passende Bilder und Grafiken aus.
- Stelle selber Zeichnungen, Fotos oder Grafiken her.
  Achte darauf, dass diese Illustrationen die Textaussagen ergänzen oder verdeutlichen.
- Bestimme Unterthemen.
  Ordne diesen die Beiträge (Texte, Illustrationen) zu.
- Lege die einzelnen Beiträge zuerst hin und beurteile die Gestaltung, bevor du sie montierst.
  (Montieren = Kleben auf dickes Papier von Plakatgrösse oder Anstecken der einzelnen Beiträge an eine Pinnwand.)
- Hänge die Wandzeitung an einem Ort auf, wo viele Leute vorbeigehen.
  Geeignete Orte sind zum Beispiel der Hausgang oder das Treppenhaus im Eingangsbereich.

 Schütze die Wandzeitung hinter Glas, wenn sie an einem unbeaufsichtigten Ort hängt, z.B. in einem Bilderrahmen.

Wandzeitung zum Thema Mode-Drinks
Informationen sammeln:

Kurze Texte auswählen

Seit einigen Jahren werden vor allem in Grossbritannien alkoholische Getränke auf den Markt gebracht, die in Design und Geschmack auf eine sehr junge Käuferschicht abgestimmt sind.

Lange Texte zusammenfassen

Die pharmakologische Wirkung von Koffein ist bekanntermassen dosisabhängig, die Aufnahme von 50–100 mg kann bei Erwachsenen anregend wirken, bei Mengen von über 500 mg werden unerwü... tet (Herzrh... Bei Energy ... Grenze erst ... von mehr a... Kindern un... aber sicherl...

Koffein wirkt in kleinen Dosen anregend. Wenn ein Erwachsener mehr als 6 Dosen Energy Drink konsumiert, können aber Herzbeschwerden und Schlafstörungen auftreten. Bei Jugendlichen genügen schon wesentlich weniger.

Eigene kurze Texte schreiben

Die Kassiererin weigerte sich zuerst, mir eine Flasche «ALCOLOCO» zu verkaufen. Ich zeigte ihr den Vermerk auf der Rückseite «–18» und erklärte ihr, das bedeute doch «Verkauf an unter 18-Jährige erlaubt». Daraufhin durfte ich die Flasche kaufen.

Illustrationen sammeln:

Zeichnungen und/oder Grafiken herstellen

Eine Flasche blue-horse enthält neben den Wirkstoffen:

Wasser	180 g
Saccharase	35 g
Glukose	20 g
Kohlehydrate	11 g

Montieren:

Informationen und Illustrationen zuordnen
Beiträge hinlegen / Gestaltung beurteilen

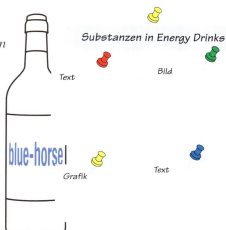

Gestaltung
- Setze oben oder im Zentrum der Wandzeitung den Haupttitel.
- Kombiniere Texte mit Illustrationen, wenn dies sinnvoll ist.
  Versieh auch Illustrationen mit Titeln.
  Schreibe Legenden oder kurze Erklärungen dazu.
- Wähle für Texte eine gut lesbare Schriftgrösse (min. 18 Punkt) und Schriftart.
  Vergrössere evtl. gesammelte Beiträge.
- Wähle für Titel noch grössere Schriften. Du kannst sie auch mit Grossbuchstaben schreiben, dosiert mit Farben gestalten, rahmen oder schattieren.
- Wichtige Textblöcke kannst du auch dosiert einfärben, rahmen oder schattieren.
- Verbinde Illustrationen und Texte mit Linien oder Pfeilen, wenn die Zusammengehörigkeit nicht auf Anhieb klar ist.
- Gestalte die Wandzeitung einheitlich.

 Zu viele verschiedene Schriftarten, Schriftgrössen, Farben und Hintergründe verunmöglichen eine gute Lesbarkeit.

Nachschlageteil

Mode-Drinks

Seit einigen Jahren werden vor allem in Grossbritannien alkoholische Getränke auf den Markt gebracht, die in Design und Geschmack auf eine sehr junge Käuferschicht abgestimmt sind.

Was enthalten Energy Drinks?

Die Getränke enthalten neben viel Wasser und Zucker auch Mineral- und Aromastoffe, Vitaminzusätze und Geschmacksverstärker.
Dazu finden sich in den meisten Getränken Substanzen, die in Erfrischungsgetränken eigentlich nichts zu suchen haben:

Koffein bis 320 mg / l
Taurin ca. 400 mg / Dose
Guarana ca. 2000 mg / Dose

Koffein
Eine Flasche blue-horse entspricht einer Tasse Kaffee

Ein umfassender Schreibvorgang: die Reportage

Die Reportage behandelt Ereignisse, Vorgänge oder Tätigkeiten. Sie ist sachlich und nicht wertend. Sie hält sich an die Tatsachen und kann ziemlich umfangreich werden. Manchmal sind Reportagen auch persönlich gefärbt. Dann verbinden sich in ihr Fakten mit wörtlichen Zitaten von Menschen und dem eigenen persönlichen Empfinden der Reporterin/des Reporters.

In Form einer Reportage kannst du deiner Leserschaft die Sammlung von Informationen präsentieren.

Vorbereitung
- Überlege dir:
  - Für wen schreibe ich? / Wer soll meinen Text lesen?
  - Was will ich mit dem Text erreichen?
- Formuliere unausgesprochene Leserinnen- und Leserfragen mit Hilfe der 7 W-Fragewörter. → S. 48
- Beschaffe dir Informationen: Zahlen, Grafiken, Statistiken, Aussagen von Leuten zum Thema (Zitate) etc.
- Erstelle einen Rohbau des Textes:
  - Sammle Haupttitelvorschläge.
    - Wähle daraus den besten aus.
    - Formuliere ihn als Schlagwort oder einfachen Hauptsatz (max. 4–5 Wörter).
  - Setze 3–4 Schlagworte als Zwischentitel. Zwischentitel ergeben sich zum Beispiel aus spannenden Antworten zu den W-Fragen.
  - Weise das gesammelte Material den Zwischentiteln zu.
  - Bringe die Zwischentitel in eine logische Reihenfolge.
    Häufig macht der zeitliche Ablauf Sinn:
    - Anfang: Wie hat das alles angefangen?
    - Verlauf: Wie ist es weiter gegangen?
    - Ende: Wie ist es ausgegangen?
    Die definitive Reihenfolge und der definitive Titel werden sich möglicherweise erst während des Schreibens bzw. während der Überarbeitung ergeben.

Durchführung
Einstieg
Mache mit den ersten Sätzen die Leserinnen und Leser neugierig.
Wähle einen der folgenden Einstiege:
- erzählerischer Einstieg
- Einstieg mit Zitat
- Doppelpunkt-Einstieg
- Fragezeichen-Einstieg
- szenischer Einstieg

Reportage einer Klasse über ihr Wohnquartier
Unausgesprochene Leserinnen- und Leserfragen:

1 wer	– Wer ist an der Wohnungsnot schuld?
	– Wer ist betroffen?
2 was	– Was ist passiert?
	– Was gedenken die Mieterinnen und Mieter zu unternehmen?
3 wie	– Wie ist das geschehen?
	– Wie werden die Mieten in die Höhe getrieben?
4 wann	– Wann erfuhren die Mieterinnen und Mieter von der Übernahme?
	– Wann fand die erste Aktion statt?
5 wo	– Wo gibt es weitere Informationen?
6 warum	– Warum demonstrieren die Mieterinnen und Mieter?
7 wieviel	– Wieviel kosten die Wohnungen jetzt?
	– Wieviel werden sie nach den Renovationen kosten?

Zwischentitel: Spannende Antworten zu diesen W-Fragen

Wer protestiert gegen hohe Mieten?	Familien und Rentner protestieren.
Was ist passiert?	Mieten steigen ins Unermessliche.
Wie ist das geschehen?	Mehrere Liegenschaften wurden von Immobiliengesellschaft «Vision for Zurich» aufgekauft.

Informationen den Zwischentiteln zuordnen
- Foto Protestversammlung der Betroffenen und ihrer Sympathisanten vor der Überbauung «Grüt»
- Interview mit betroffener Familie
- Statistik Mietpreise Zürich
- Bericht aus dem Mieterverein-Heft über den Aufkauf von Liegenschaften durch «Vision for Zurich» und deren Vorgehen nach dem Aufkauf

Mögliche Einstiege
- **Erzählerischer Einstieg** (Wie beginnt die Geschichte?)
  Am Morgen des 5. Juni öffnete Frau M. dem Briefträger die Türe. Und was hielt er in Händen? Einen eingeschriebenen Brief ihrer Immobilienverwaltung!
- **Einstieg mit Zitat**
  «Mit meinen siebzig Jahren muss ich noch umziehen», äusserte Frau M., die hier aufgewachsen und nie aus dem Quartier weggegangen war. Was war geschehen?
- **Doppelpunkt-Einstieg**
  Letztes Jahr waren es zehn, und auch dieses Jahr scheint es nicht anders zu sein: Neun Mehrfamilienhäuser wurden schon von «Vision for Zurich» aufgekauft.
- **Fragezeichen-Einstieg**
  Wie wird die Zukunft unseres Quartiers aussehen? Schon wieder hat die «Vision for Zurich» neun Mehrfamilienhäuser aufgekauft.
- **Szenischer Einstieg** (Wo spielt die Geschichte?)
  Auf dem Quartierspielplatz stehen neuerdings ein Tisch mit Stühlen und ein Bett.

Hauptteil
Schreibe nun den eigentlichen Text zu den Zwischentiteln.
- Beschreibe Zeiträume genau.
- Begründe deine Aussagen.
- Schreibe bildhaft und treffend.
- Erzähle spannend:
  - Zitiere interessante Äusserungen von Leuten zum Thema möglichst in direkter Rede.

- Schreibe sachlich.
  - Formuliere persönliche Sätze. Schreibe «ich», «mein», wenn du deine Meinung formulierst.
  - Wähle Material aus, das verschiedene Standpunkte mit einbezieht.
  - Stelle neutrale Fragen.
  - Stelle Zitate in den richtigen Zusammenhang.

Schluss
- Wähle eine der folgenden Möglichkeiten:
  - Zitat
  - Prognose für die Zukunft
  - Abrundung
  - Ausruf
  - Frage
  - Sprichwort

Auswertung
- Überarbeite den Text je nach Aufgabenstellung.

Hauptteil
Bildhaftes, treffendes Schreiben
«Wir handeln im gesetzlichen Rahmen», **sagte** Herr Hollinger. «Wir handeln im gesetzlichen Rahmen», präzisierte Herr Hollinger, der Zuständige von «Vision for Zurich».

Verdeckte Meinungsäusserung
Man ist entsetzt / **Viele Leute** sind entsetzt über das skrupellose Vorgehen der «Vision for Zurich».
Das skrupellose Vorgehen der Vision Zürich hat mich entsetzt.

Beeinflussen der Aussage durch eine bestimmte Fragestellung
«**Finden Sie nicht auch,** dass es im Quartier früher viel gemütlicher war?»
War das Quartier früher gemütlicher als heute?

Zitat in einem anderen Zusammenhang wiedergeben
«Eine Abwaschmaschine braucht man doch nicht», ärgerte sich **ein Bewohner.**
In Tat und Wahrheit sagte ein alleinstehender Rentner aber: «Eine Abwaschmaschine brauche ich doch nicht.»

Schluss
- *Zitat*
  Frau M. aber meint: «Wir werden uns mit Händen und Füssen gegen einen weiteren Abbau von billigem Wohnraum wehren. Dafür werden wir weiterhin auf die Strasse gehen!»
- *Prognose für die Zukunft*
  Mit all den gut verdienenden Neuzuzügerinnen und Neuzuzügern wird wohl wenigstens die Stadt ihren Schuldenberg ein bisschen abbauen können.
- *Abrundung*
  Schöne Aussichten für alle, die sich seit Jahrzehnten für ein gemütliches Quartier eingesetzt haben.
- *Ausruf*
  Machen wir unsere Politikerinnen und Politiker für den Verlust von billigem Wohnraum verantwortlich!
- *Frage*
  Wer aber kann für diese Entwicklung verantwortlich gemacht werden?
- *Sprichwort*
  Gut möglich, dass sich auch hier wieder zeigt: Steter Tropfen höhlt den Stein.

Grammatik

Die fünf Wortarten: Übersicht

wenn, auf, gestern, rufen, Rose, pfui, praktisch, sie, auf, die

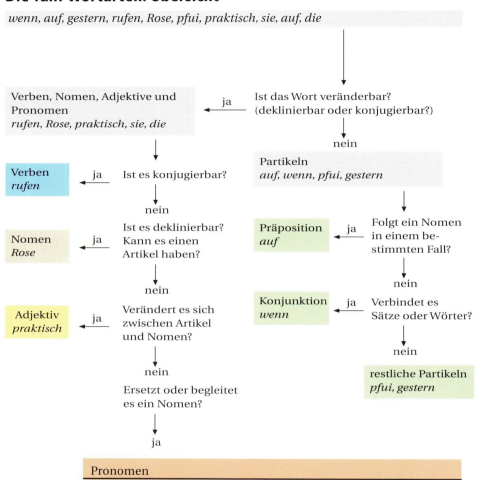

Pronomen	
Personalpronomen *sie, mich*	bestimmter/unbestimmter
Demonstrativpronomen *diese*	Artikel *die, eine*
Zahlpronomen *zwei*	Relativpronomen *das, wer*
Possessivpronomen *dein, ihr*	Indefinitpronomen *alle, nichts*
Reflexivpronomen *mir, euch*	Interrogativpronomen *wer, wo*

Verben

Verben sind konjugierbare Wörter,

die Vorgänge, Handlungen oder Zustände beschreiben.	Ich *habe* ihm einen Tee *gebracht*. Ich *bin* krank.

Die Konjugation

ist die Veränderung der Verben nach Person und Zeit.	*ich suche, du suchtest, ich habe gesucht*
Die veränderliche Verbform heisst Personalform. An ihr können wir die Person ablesen.	*komme (ich), kommst (du)*
Unveränderliche Verbformen sind	
Infinitiv	*kommen: Ich werde kommen*
Partizip I	*kommend: Von hinten kommend …*
Partizip II	*gekommen: Er ist gekommen*

Regelmässige und unregelmässige Verben

Regelmässige Verben ändern den Vokal nie und bilden das Partizip II auf -t. Unregelmässige Verben können den Vokal ändern. Das Partizip II endet meistens auf -en. Die unregelmässigen Verben musst du auswendig können. → S. 204–207	*ich lache ich lachte ich habe gelacht* *ich liege ich lag ich habe gelegen* *ich fahre ich fuhr ich bin gefahren* *ich trinke ich trank ich habe getrunken*

Einfache und zusammengesetzte Verben

In der Liste der unregelmässigen Verben findest du nur die einfachen Verben. Die meisten Verben können aber Vorsilben haben.	*gehen angehen begehen* *entgehen vergehen zergehen*
Die zusammengesetzten Verben können **trennbar oder untrennbar** sein.	*angehen ich gehe an ich ging an* * trennbar* *begehen ich begehe ich beging* * untrennbar*

untrennbar sind
Verben mit den Vorsilben:
be-, emp-, ent-, er-, ge-, miss-, ver-, zer-

trennbar sind Verben
mit allen anderen Vorsilben, z.B.
ab-, an-, auf-, aus-, ein-, her- und hin-,
heraus-, hinunter, …
los-, mit-, zu-, zurück

Mit konkreter Bedeutung meist trennbar, mit abstrakter meist untrennbar sind Verben mit den Vorsilben durch-, hinter-, über-, um-, unter-, voll-, wider-, wieder-	*Nach seinem Tod ist sein Geld an seine Tochter übergegangen.* *An Diskussionen wird er immer übergangen.*

Formen des Verbs

	Indikativ («Normalform»)	Konjunktiv I (z.B. in indirekter Rede)	Konjunktiv II (Form des «Gedachten»)
Präsens	sie kommt es fängt an er sagt sie kommen sie fangen an sie sagen	sie komme es fange an er sage sie kommen sie fangen an sie sagen	sie käme (würde kommen) es finge an (würde anfangen) er sagte (würde sagen) sie kämen (würden kommen) sie fingen an (würden anfangen) sie sagten (würden sagen)

Futur I	er wird kommen
	             anfangen
	             sagen
	
	sie werden kommen
	             anfangen
	             sagen
		er werde kommen
		             anfangen
		             sagen
		
		sie werden kommen
		             anfangen
		             sagen	

Präteritum	sie kam es fing an er sagte sie kamen sie fingen an sie sagten		
Perfekt	sie ist gekommen es hat angefangen er hat gesagt sie sind gekommen sie haben angefangen sie haben gesagt	sie sei gekommen es habe angefangen er habe gesagt sie seien gekommen sie haben angefangen sie haben gesagt	sie wäre gekommen (würde gekommen sein) es hätte angefangen (würde angefangen haben) er hätte gesagt (würde gesagt haben)
Futur II	sie wird gekommen sein es wird angefangen haben er wird gesagt haben sie werden gekommen sein sie werden angefangen haben sie werden gesagt haben	sie werde gekommen sein es werde angefangen haben er werde gesagt haben sie werden gekommen sein sie werden angefangen haben sie werden gesagt haben	sie wären gekommen (würden gekommen sein) sie hätten angefangen (würden angefangen haben) sie hätten gesagt (würden gesagt haben)
Plusquamperfekt	sie war gekommen es hatte angefangen er hatte gesagt sie waren gekommen sie hatten angefangen sie hatten gesagt		

Nachschlageteil

Mit den Zeitformen des Verbs kann man ausdrücken, *wann* etwas stattfindet:

Das Präsens

drückt aus:	
– was gerade jetzt geschieht (Gegenwart).	*Der Mond nimmt zu.*
– was «immer» so ist.	*Der Mond nimmt 13 Mal im Jahr zu.*
– was früher begonnen hat und immer noch ist.	*Ich spiele seit zehn Jahren Volleyball.*
– was später geschieht (Zukunft).	*Ich spiele ab November in der Nati A.*

Das Präteritum

ist <u>die</u> Erzählform für die Vergangenheit. Es wird deshalb auch zum Schreiben gebraucht.	*Es war einmal eine Prinzessin.* *Sie küsste ständig Frösche.*

Das Perfekt

drückt vergangene Handlungen aus, die in der Gegenwart noch sehr lebendig sind. Es wird im Gegensatz zum Präteritum vor allem mündlich benutzt. Häufig braucht man es auch für kurze Nachrichten, Fragen und Sätze mit Sie/du/ihr.	*Niemand hat ihm geholfen.* *Der Zug ist aus den Schienen gekippt.* *Bei einer Explosion sind 13 Menschen umgekommen.* *«Wo seid ihr denn gewesen?»*

Das Plusquamperfekt

drückt aus, was vor einer vergangenen Handlung geschehen ist. Verben im Plusquamperfekt kommen deshalb zusammen mit solchen im Perfekt oder Präteritum vor.	*Sie hatte vorher noch nie Frösche geküsst, das war das erste Mal.* *Nachdem sie ihm alles erklärt hatte, konnte er praktisch alleine am Computer arbeiten.*

Das Futur I

drückt aus:	
– einen Vorgang / eine Handlung in der Zukunft.	*Sie wird sich nächstens einen Jaguar kaufen.*
– eine Vermutung.	*Sie wird sich das wohl leisten können.*

Das Futur II

drückt eine Vermutung aus.	*Er wird wohl wieder nicht aus dem Bett gekommen sein.*

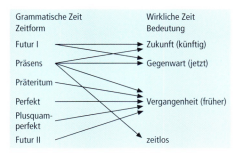

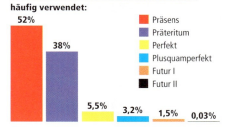

Die sechs Zeitformen werden unterschiedlich häufig verwendet:

Die Modalformen

machen die «Tonart» des Gesagten aus. Denn nicht alles, was wir sagen, ist gleich wahr. Es gibt vier grammatische «Tonarten» (Pl. *die Modi;* Sg. *der Modus*).

Indikativ für:

Wirklichkeit	*Ich küsste ihn und siehe da – er blieb ein Frosch.*
Tatsachen	*Und da habe ich mich so gefreut.*
Feste Absichten	*Nein, ich gebe dir kein Geld mehr.*

Imperativ für:

Aufforderungen	*Gib mir sofort meine Hose zurück!*
Bitten	*Reichen Sie mir bitte die Milch.*

Konjunktiv I für:

Indirekte Rede	*Er meinte, das gehe in Ordnung.*
Bestimmte Vergleichssätze	*Sein Mund sieht aus, als ob er singe.*

Konjunktiv II:

Hypothesen (Annahmen)	*Wenn ich 1000 Frösche küssen würde, gäbe es sicher einen Prinzen darunter.*
Wünsche	*Könnte ich nur besser Englisch!*
Vorstellungen	*Es ist, als hätte er Angst davor.*
Höfliche Bitten	*Würden Sie mir bitte die Butter reichen?*
Der Konjunktiv II wird von der Präteritumform abgeleitet. Bei unregelmässigen Verben wird *a, o, u* zu *ä, ö, ü*.	*ich fragte, ich sagte, ich tanzte* *Präteritum: ich sang, ich tat, ich trug* *Konjunktiv II: Ich sänge, ich täte, ich trüge*
Häufig gebrauchte Verben im Konjunktiv II sind:	*ich ginge, ich käme, ich liesse, ich stände, ich wüsste, ich brächte, ich brauchte, ich hätte, ich wäre, ich würde, ich dürfte, ich könnte, ich müsste, ich sollte, ich wollte*
Bei den meisten Verben bilden wir den Konjunktiv II mit *würden* + Infinitiv.	*ich würde tanzen* *ich würde tragen*
Konjunktiv II statt Konjunktiv I: Wenn der Konjunktiv I verwendet werden soll, die Form aber gleich lautet wie der Indikativ, wird er durch den Konjunktiv II ersetzt.	*Sie sagte, wir müssen früher kommen.* *Sie sagte, wir müssten früher kommen.*

Nomen

Nomen

bezeichnen Lebewesen, Sachen, Gedachtes	*der Elefant, die Mechanikerin, die Suppe, das Ärgernis*

Eigennamen

bezeichnen bestimmte Lebewesen oder bestimmte Sachen wie: Gewässer, Ortschaften, Gebirge u.a.	*die Sahara, der Säntis, die Aare, Bern, Wülflingen*

3 Geschlechter, 3 Artikel

	bestimmter Artikel	unbestimmter Artikel		
feminin (f.)	die	eine	*die Suppe*	*eine Suppe*
maskulin (m.)	der	ein	*der Maler*	*ein Maler*
neutrum (n.)	das	ein	*das Theater*	*ein Theater*

Singular und Plural

Nomen stehen im Singular (Einzahl) oder Plural (Mehrzahl). Der unbestimmte Artikel fällt im Plural weg. Es gibt **8 Möglichkeiten der Pluralbildung:**	*die Blume* *eine Blume*	*die Blumen* – *Blumen*
1. –	*der Sender*	*die Sender*
2. ¨–	*der Garten*	*die G**ä**rten*
3. -e	*der Film*	*die Film**e***
4. ¨– e	*die Stadt*	*die St**ä**dt**e***
5. -er	*das Bild*	*die Bild**er***
6. ¨– -er	*das Amt*	*die **Ä**mt**er***
7. -(e)n	*der Student*	*die Student**en***
8. -s	*das Radio*	*die Radi**os***
zudem: Nomen auf -nis; -in	*Zeugnis, Bäuerin*	*Zeugniss**e**, Bäuerin**nen***

Nomen sind **deklinierbar**, das heisst, man kann sie in **verschiedene Fälle** setzen.	**Singular**	**Plural**
Nominativ	*der Hund*	*die Hunde*
Akkusativ	*den Hund*	*die Hunde*
Dativ	*dem Hund*	*den Hunden*
Genitiv	*des Hundes*	*der Hunde*
Für die Fallbestimmung → S. 136		
Bei **zusammengesetzten Nomen** entscheidet das letzte Nomen, welchen Artikel es bekommt.	*die Tasche + **der** Dieb = **der** Taschendieb* *der Kohl + **die** Suppe = **die** Kohlsuppe*	

Adjektive

Adjektive

bezeichnen Eigenschaften und Merkmale. Sie geben an, wie jemand oder etwas ist, aber auch, wie etwas geschieht, wie jemand etwas macht.	Er ist noch so jung. Sie ist eine kluge Frau. Plötzlich fiel sie hin. Sie arbeitet flink.
Adjektive sind deklinierbar. Wenn ein Adjektiv direkt links vom Nomen steht, passt es sich ihm bezüglich Singular/Plural, Fall und Geschlecht an. Wenn du unsicher bist, ob es sich bei einem Wort um ein Adjektiv handelt, setze es zwischen Artikel und Nomen. → S. 158	Er hatte eine katastrophale Jugend. Sie hat kein Problem mit lauter Musik. Nein, sie hat kein neues Fahrrad. Wir verabschieden ihn mit guten Wünschen.
Adjektive lassen sich für Vergleiche **steigern.** Die 3 Formen heissen **Positiv, Komparativ** und **Superlativ.** Der Komparativ wird mit -er, der Superlativ mit -st gebildet.	*Positiv* Ich singe schön und bin schön. *Komparativ* Du singst schöner und bist schöner. *Superlativ* Er singt am schönsten und ist der schönste.
Aus *a, o, u* wird im Komparativ und Superlativ bei etlichen Adjektiven *ä, ö, ü*.	krank – kränker – am kränksten. Ebenso: alt, arg, arm, hart, kalt, lang, nah, scharf, schwarz, stark, warm, grob, gross, hoch, dumm, gesund, jung, klug, kurz
-est im Superlativ folgt auf *d, t, s, sch, x, z*	der frischeste, die kürzesten, am wildesten
Adjektive auf -el und -er ohne *e* im Komparativ	teuer – teurer, dunkel – dunkler
Besondere Formen sind: (* nur beim Verb)	*gern*/lieb* lieber am liebsten, der liebste *gut* besser am besten, der beste *hoch* höher am höchsten, der höchste *nah* näher am nächsten, der nächste *sehr*/viel* mehr am meisten, das meiste

Pronomen

Pronomen sind Begleiter oder Stellvertreter

Personalpronomen			Reflexivpronomen			Possessivpronomen
ich	mir	mich	mir		mich	mein
du	dir	dich	dir		dich	dein
wir	uns			uns		unser
ihr	euch			euch		euer
er	ihm	ihn				sein
sie	ihr	sie		sich		ihr
es	ihm	es				
sie	ihnen	sie		(einander)		

Demonstrativpronomen			Interrogativpronomen			Relativpronomen		
dieser			wer		was	wer		was
jener			welcher			welcher		
derselbe								
derjenige			was für ein					
solcher								
			bestimmter Artikel					
der	die	das	der	die	das	der	die	das

bestimmte Zahlpronomen	unbestimmter Artikel		Indefinitpronomen	
ein	ein		ein	
zwei			irgendein	
drei			kein	
vier			niemand	
…			jemand	
…				
zwanzig				
einundzwanzig	genug	etwas	man	
…		nichts	jedermann	
…	allerhand		jeder	
hundert	allerlei		jeglicher	
…	mancherlei	einige	alle	
…	dreierlei	etliche	beide	
tausend		manche	sämtliche	
…	unsereiner		ein paar	
	deinesgleichen		ein bisschen	
999 999	irgendwelche		ein wenig	

Aus: P. Gallmann, H. Sitta: Deutsche Grammatik. Zürich 1996

Gewisse Pronomen können im Text verschiedene Aufgaben erfüllen. Das Wort «der» beispielsweise kann im Text die Aufgabe eines Artikels, eines Demonstrativpronomens oder eines Relativpronomens übernehmen:
Wo ist *der* Kugelschreiber? (Artikel) Ist es *der* hier? (Demonstrativpronomen)
Nein, ich suche den, *der* eben noch hier lag. (Relativpronomen)

Personal-, Reflexiv-, Possessiv-, Interrogativpronomen

Personalpronomen
ich (mich, mir, meiner)
du (dich, dir, deiner)
er (ihn, ihm, seiner)
sie (sie, ihr, ihrer)
es (es, ihm, seiner)
wir (uns, uns, unser)
ihr (euch, euch, euer)
sie (sie, ihnen, ihrer)

Personalpronomen sind **Stellvertreter** des Nomens.

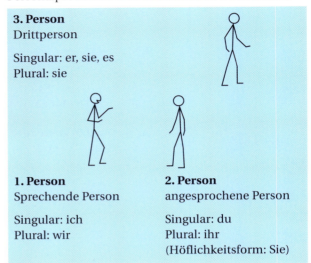

3. Person
Drittperson

Singular: er, sie, es
Plural: sie

1. Person
Sprechende Person

Singular: ich
Plural: wir

2. Person
angesprochene Person

Singular: du
Plural: ihr
(Höflichkeitsform: Sie)

Reflexivpronomen
mich, mir
dich, dir
sich
uns
euch
sich

Reflexivpronomen beziehen sich auf das Subjekt des Satzes.

Ich betrachte mich im Spiegel.

Du machst es dir zu einfach.

Possessivpronomen
mein, meine
dein, deine
sein, seine
unser, unsre
euer, eure
ihr, ihre

Possessivpronomen sind Begleiter oder Stellvertreter des Nomens. Sie bezeichnen Besitz oder Zugehörigkeit.

Du gibst mir dein Velo, ich gebe dir meines.

Interrogativpronomen
wer (wen, wem, wessen)
was
welcher
was für ein
was für welche

Interrogativpronomen sind **Begleiter oder Stellvertreter** des Nomens. Sie fragen nach Personen oder Sachen, stehen für Personen und Sachen.

Wer liest was?   *Welche Person liest*
Wem gehört welches Buch? *welches Buch?*
Wessen Buch ist das?   *Was für eines ist das?*

(Die unveränderlichen Fragewörter, z.B. wo, wann, wie, warum, weshalb, wozu, wofür gehören zu den Partikeln.)

Artikel, Relativpronomen, Demonstrativpronomen

Welche Verriegelung wünschen Sie für Ihr Rad?
Ich möchte die, die die Diebe vom Stehlen abhält.
Ersatzprobe:
Ich möchte jene, welche die Diebe vom Stehlen abhält.
                                     Artikel
                         Relativpronomen
         Demonstrativpronomen

Artikel der, die, das ein, eine	Artikel sind **Begleiter** des Nomens. Der Artikel gleicht sich dem Geschlecht des Nomens an: *der Hahn, die Henne, das Küken.* Es gibt bestimmte *(der, die, das)* und unbestimmte Artikel *(ein, eine).* Der Artikel wird mit dem Nomen zusammen dekliniert: *der Hahn, den Hahn, dem Hahn, des Hahnes* Oft verschmilzt der Artikel mit einer Präposition: *ins (in das) Tal, aufs (auf das) Matterhorn, ums (um das) Haus herum* *im (in dem) Zimmer, am (an dem) Fenster, zur (zu der) Türe*
Relativpronomen der (den, dem, dessen) welcher wer die (die, der, deren) welche das (das, dem, welches dessen) was	Relativpronomen sind **Stellvertreter.** Das Relativpronomen bezieht sich meistens auf ein vorangehendes Wort, seltener auf einen ganzen Teilsatz. *Da liegt das Buch, das du suchst.* *Er fand seine Brille nicht, was ihn ganz nervös machte.* Relativpronomen werden häufig zusammen mit Präpositionen verwendet: *Der Bau, auf dem nun die Dachdecker arbeiten …* Zum Stil: Statt: *Derjenige, der das kann, der soll mir bitte helfen.* Besser: *Wer das kann, soll mir bitte helfen.* Statt: *Der, der der Lage am besten gewachsen ist, der soll …* Besser: *Wer der Lage am besten gewachsen ist, soll …* Statt: *Das Buch, das das Kind gelesen hat, kenne ich.* Besser: *Ich kenne das Buch, welches das Kind gelesen hat.*
Demonstrativpronomen → der, die, das dieser, jener derjenige, diejenige, dasjenige derselbe, dieselbe, dasselbe solcher, solche, solches	Demonstrativpronomen sind **Begleiter oder Stellvertreter** des Nomens. Demonstrativpronomen weisen wie mit dem Zeigefinger auf etwas hin (lat. demonstrare: zeigen). *Dieses Bild gefällt mir ganz besonders gut, jenes mag ich weniger.*

Partikeln

Partikeln sind unveränderbar, also weder konjugierbar noch deklinierbar. Besondere Partikeln sind die Präpositionen und die Konjunktionen:

Präpositionen
Hier sind sie geordnet nach dem Fall, der dazu passt.

mit Akkusativ	mit Dativ	auf die Frage *Wohin* mit Akkusativ *Wo* mit Dativ	mit Genitiv
bis	ab	an	ausserhalb
durch	aus	auf	innerhalb
für	ausser	hinter	oberhalb
gegen	bei	in	unterhalb
ohne	entgegen	neben	statt
um	gegenüber	über	trotz
wider	mit	unter	während*
entlang	nach	vor	wegen*
	seit	zwischen	
	von		*auch mit Dativ gebräuchlich*
	zu		
	entlang, wenn es links vom Nomen oder Pronomen steht		

Konjunktionen

aber	ehe	seit	um
als	entweder – oder	sobald	und
als dass	falls	sodass	während
als ob	indem	sofern	weder – noch
als wenn	je – desto	solange	weil
anstatt	je – umso	sondern	wenn
anstatt dass	jedoch	sooft	wenn auch
ausser	nachdem	soviel	wenngleich
ausser dass	nicht nur – sondern auch	sowohl – als auch	wie
ausser wenn	ob	statt	wie wenn
bevor	obgleich	statt dass	wiewohl
bis	obschon		wobei
da	obwohl		wohingegen
damit	oder		zumal
dass	ohne		
denn	ohne dass		
doch			

Konjunktionen und andere **Verknüpfungsmittel** für Sätze lassen sich auch **inhaltlich ordnen:**

Inhalt	Konjunktion, Hauptsatz	Konjunktion Nebensatz	Präposition	andere Partikeln, meistens im Hauptsatz
Zeit temporal		als während nachdem bevor sobald solange	während (+Genitiv/Dativ) nach (+Dativ) vor (+Dativ)	da dann danach, nachher davor, vorher bisher
Grund kausal	denn	weil da	wegen (+Genitiv/Dativ)	deshalb
Bedingung konditional		wenn falls	bei (+Dativ)	dann
Folge konsekutiv		sodass ohne dass		demzufolge
Absicht final		damit um zu		
Einwand konzessiv, adversativ	aber	obwohl wenn auch	trotz (+Genitiv/Dativ)	trotzdem dennoch
Art, Mittel modal, instrumental		dadurch, dass indem, wobei ohne dass ohne zu als ob wie wenn	durch (+Akkusativ) mit (+Dativ) ohne (+Akkusativ)	damit so
Aufzählung	und			ausserdem

Konjunktionen stehen immer am Anfang des Satzes; sie können entweder Haupt- oder Nebensätze einleiten: *In den Ferien fahren wir ans Meer, **und** wir werden die Freunde vom letzten Jahr treffen. (HS) Ich habe mein Taschengeld gespart, **weil** ich in den Ferien ausgehen will. (NS)*

Präpositionen stehen in einem Satz, sie verknüpfen nicht Sätze, sondern Satzglieder: ***Nach** dem Unfall wird Petra vorsichtiger sein. Ihr Vater macht sich Sorgen **wegen** der vielen Gefahren.*

Manche **Verknüpfungsmittel** können nicht nur am Anfang des Satzes stehen, sondern auch **im Satz.** Sie verbinden meistens Hauptsätze miteinander: *Petra hat beim Reiten den Arm gebrochen. Im Spital hat sie **deshalb** einen Gipsverband bekommen. Zuerst hat der Verband sie sehr gestört. **Danach** hat sie sich **daran** gewöhnt.*

Unregelmässige Verben

Infinitiv	Präsens (2.*)/ 3. Person Sg. *bei Vokalveränderung	Präteritum 3. Pers. Sg.	Perfekt 3. Pers. Sg. Partizip II	mit Hilfsverb *sein*, alle anderen mit *haben* *mit <u>Akkusativobjekt</u>
backen	backt oder bäckst/bäckt	backte/buk	gebacken	
befehlen	befiehlst/befiehlt	befahl	befohlen	
beginnen	beginnt	begann	begonnen	
beissen	beisst	biss	gebissen	
bergen	birgst/birgt	barg	geborgen	
bersten	birst/birst	barst	geborsten	sein
biegen	biegt	bog	gebogen	
bieten	bietet	bot	geboten	
binden	bindet	band	gebunden	
bitten	bittet	bat	gebeten	
blasen	bläst/bläst	blies	geblasen	
bleiben	bleibt	blieb	geblieben	sein
braten	bratet oder brätst/brät	briet	gebraten	
brechen	brichst/bricht	brach	gebrochen	
brennen	brennt	brannte	gebrannt	
bringen	bringt	brachte	gebracht	
denken	denkt	dachte	gedacht	
dringen	dringt	drang	gedrungen	sein
dürfen	darf	durfte	gedurft	
empfehlen	empfiehlst/empfiehlt	empfahl	empfohlen	
essen	isst/isst	ass	gegessen	
fahren	fährst/fährt	fuhr	gefahren	sein/haben* Sie hat <u>einen Jaguar</u> gefahren.
fallen	fällst/fällt	fiel	gefallen	sein
fangen	fängst/fängt	fing	gefangen	
fechten	fichtst/ficht	focht	gefochten	
finden	findet	fand	gefunden	
flechten	flichtst/flicht	flocht	geflochten	
fliegen	fliegt	flog	geflogen	sein/haben
fliehen	flieht	floh	geflohen	sein
fliessen	fliesst	floss	geflossen	sein
fressen	frisst/frisst	frass	gefressen	
frieren	friert	fror	gefroren	
gebären	gebärt	gebar	geboren	sein/haben* Sie hat <u>ein Kalb</u> geboren.
geben	gibst/gibt	gab	gegeben	
gedeihen	gedeiht	gedieh	gediehen	sein
gehen	geht	ging	gegangen	sein
gelingen	gelingt	gelang	gelungen	nur: **es** ist gelungen
gelten	giltst/gilt	galt	gegolten	
genesen	genest	genas	genesen	sein
geniessen	geniesst	genoss	genossen	
geschehen	geschieht	geschah	geschehen	nur: **es** ist geschehen
gewinnen	gewinnt	gewann	gewonnen	
giessen	giesst	goss	gegossen	
gleichen	gleicht	glich	geglichen	
gleiten	gleitet	glitt	geglitten	sein
graben	gräbst/gräbt	grub	gegraben	
greifen	greift	griff	gegriffen	
haben	hat	hatte	gehabt	
halten	hältst/hält	hielt	gehalten	
heben	hebt	hob	gehoben	
heissen	heisst	hiess	geheissen	
helfen	hilfst/hilft	half	geholfen	
kennen	kennt	kannte	gekannt	
klingen	klingt	klang	geklungen	

Nachschlageteil

Infinitiv	Präsens (2.*)/ 3. Person Sg. *bei Vokalveränderung	Präteritum 3. Pers. Sg.	Perfekt 3. Pers. Sg. Partizip II	mit Hilfsverb sein, alle anderen mit haben *mit Akkusativobjekt
kneifen	kneift	kniff	gekniffen	
kommen	kommt	kam	gekommen	sein
können	kann	konnte	gekonnt	
kriechen	kriecht	kroch	gekrochen	sein
laden	lädst, lädt	lud	geladen	
lassen	lässt/lässt	liess	gelassen	
laufen	läufst/läuft	lief	gelaufen	sein
leiden	leidet	litt	gelitten	
leihen	leiht	lieh	geliehen	
lesen	liest/liest	las	gelesen	
liegen	liegt	lag	gelegen	sein (CH), haben (D)
lügen	lügt	log	gelogen	
meiden	meidet	mied	gemieden	
messen	misst/misst	mass	gemessen	
misslingen	misslingt	misslang	misslungen	nur: es ist misslungen
mögen	mag	mochte	gemocht	
müssen	muss	musste	gemusst	
nehmen	nimmst/nimmt	nahm	genommen	
nennen	nennt	nannte	genannt	
pfeifen	pfeift	pfiff	gepfiffen	
preisen	preist	pries	gepriesen	
quellen	quillst/quillt	quoll	gequollen	sein
raten	rätst/rät	riet	geraten	
reiben	reibt	rieb	gerieben	
reissen	reisst	riss	gerissen	
reiten	reitet	ritt	geritten	sein/haben Er hat eine Stute geritten.
rennen	rennt	rannte	gerannt	sein
riechen	riecht	roch	gerochen	
rinnen	rinnt	rann	geronnen	sein
ringen	ringt	rang	gerungen	
rufen	ruft	rief	gerufen	
saufen	säufst/säuft	soff	gesoffen	
scheiden	scheidet	schied	geschieden	sein/haben* Richter Huber hat das Paar geschieden.
scheinen	scheint	schien	geschienen	
schelten	schiltst/schilt	schalt	gescholten	
schieben	schiebt	schob	geschoben	
schiessen	schiesst	schoss	geschossen	
schlafen	schläfst/schläft	schlief	geschlafen	
schlagen	schlägst/schlägt	schlug	geschlagen	
schleichen	schleicht	schlich	geschlichen	sein
schliessen	schliesst	schloss	geschlossen	
schlingen	schlingt	schlang	geschlungen	
schmelzen	schmilzt/schmilzt	schmolz	geschmolzen	
schneiden	schneidet	schnitt	geschnitten	
schreiben	schreibt	schrieb	geschrieben	
schreien	schreit	schrie	geschrien	
schreiten	schreitet	schritt	geschritten	sein
schweigen	schweigt	schwieg	geschwiegen	
schwimmen	schwimmt	schwamm	geschwommen	sein
schwinden	schwindet	schwand	geschwunden	sein
schwingen	schwingt	schwang	geschwungen	
schwören	schwört	schwor	geschworen	
sehen	siehst/sieht	sah	gesehen	
sein	ist	war	gewesen	sein
singen	singt	sang	gesungen	
sinken	sinkt	sank	gesunken	sein
sinnen	sinnt	sann	gesonnen	

Infinitiv	Präsens (2.*)/ 3. Person Sg. *bei Vokalveränderung	Präteritum 3. Pers. Sg.	Perfekt 3. Pers. Sg. Partizip II	mit Hilfsverb *sein*, alle anderen mit *haben* *mit <u>Akkusativobjekt</u>
sitzen	sitzt	sass	gesessen	sein (CH), haben (D)
sollen	soll	sollte	gesollt	
speien	speit	spie	gespien	
spinnen	spinnt	spann	gesponnen	
sprechen	sprichst/spricht	sprach	gesprochen	
spriessen	spriesst	spross	gesprossen	sein
springen	springt	sprang	gesprungen	sein
stechen	stichst/sticht	stach	gestochen	
stehen	steht	stand	gestanden	sein (CH), haben (D)
stehlen	stiehlst/stiehlt	stahl	gestohlen	
steigen	steigt	stieg	gestiegen	sein
sterben	stirbst/stirbt	starb	gestorben	sein
stieben	stiebt	stob	gestoben	
stinken	stinkt	stank	gestunken	
stossen	stösst/stösst	stiess	gestossen	
streichen	streicht	strich	gestrichen	
streiten	streitet	stritt	gestritten	
tragen	trägst/trägt	trug	getragen	
treffen	triffst/trifft	traf	getroffen	
treiben	treibt	trieb	getrieben	
treten	trittst/tritt	trat	getreten	sein/haben* Er hat <u>ihn</u> ins Bein getreten.
trinken	trinkt	trank	getrunken	
trügen	trügt	trog	getrogen	
tun	tut	tat	getan	
verderben	verdirbst/verdirbt	verdarb	verdorben	
verdriessen	verdriesst	verdross	verdrossen	
vergessen	vergisst/vergisst	vergass	vergessen	
verlieren	verliert	verlor	verloren	
verzeihen	verzeiht	verzieh	verziehen	
wägen/wiegen	wiegt	wog	gewogen	
waschen	wäschst/wäscht	wusch	gewaschen	
weichen	weicht	wich	gewichen	sein
weisen	weist	wies	gewiesen	
werben	wirbst/wirbt	warb	geworben	
werden	wirst/wird	wurde	geworden	sein
werfen	wirfst/wirft	warf	geworfen	
winden	windet	wand	gewunden	
wissen	weiss	wusste	gewusst	
wollen	will	wollte	gewollt	
ziehen	zieht	zog	gezogen	
zwingen	zwingt	zwang	gezwungen	

Verben mit 2 Bedeutungen, eine mit unregelmässiger, eine mit regelmässiger Form

bewegen		
jmdn. zu etwas veranlassen	bewegt, bewog, hat bewogen	Was hat ihn bloss bewogen, dies zu tun?
Lage oder Ort verändern	bewegt, bewegte, hat bewegt	Er hat Arme und Füsse bewegt.
erschrecken		
in Schrecken geraten	erschrickt, erschrak, ist erschrocken	Beim Knallen der Türe bin ich zutiefst erschrocken.
jmdn. in Schrecken versetzen	erschreckt, erschreckte, hat erschreckt	Ich habe ihn von hinten erschreckt.
hängen		
Zustand, z.B. am Haken	hängt, hing, hat/ist gehangen	Einsam hing er an der Felswand.
aufhängen	hängt, hängte, hat gehängt	In den USA hängte man schon viele Unschuldige.
(er)löschen		
erlöschen	erlischt, erlosch, ist erloschen	Das Licht ist erloschen.
ausmachen, mit Akk.	löscht, löschte, hat gelöscht	Ich habe die Lichter gelöscht.
schaffen		
etw. kreieren	schafft, schuf, hat geschaffen	Hat Gott den Menschen geschaffen?
erfolgreich sein	schafft, schaffte, hat geschafft	Nach zehn Fahrstunden hat sie die Prüfung geschafft!
scheren		
kahl schneiden	schert, schor, hat geschoren	Er hat acht Jahre in Australien Schafe geschoren.
nicht kümmern	schert, scherte, hat geschert	Was schert es mich, dass du keine Stelle findest?
schleifen		
schärfen	schleift, schliff, hat geschliffen	Sie hat das Messer geschliffen.
jmdn. über den Boden ziehen	schleift, schleifte, hat geschleift	Sie hat ihn nach Hause geschleift.
stecken		
festsitzen	steckt, stak, gesteckt	Er stak 24 Stunden im Lift fest.
festheften	steckt, steckte, hat gesteckt	Er steckte das Portemonnaie in die Hosentasche.
wachsen		
grösser werden	wächst, wuchs, ist gewachsen	Du bist schon wieder 4 cm gewachsen!
mit Wachs behandeln	wachst, wachste, hat gewachst	Deine Langlaufskier habe ich schon gewachst.

Verben mit Präpositionalobjekt: Präpositionen mit Akkusativ (A) oder Dativ (D)

abhängen	von + D	Ob ich komme, hängt ganz von einer Einladung ab.
absehen	von + D	Abgesehen von Schlangen mag ich alle Tiere.
achten	auf + A	Achte das nächste Mal auf die Aussprache.
anfangen	mit + D	Fang doch nicht schon wieder mit dieser Fragerei an!
ankommen	auf + A	Es kommt ganz auf dich an, ob du gute Noten hast.
antworten	auf + A	Bei einem Vorstellungsgespräch musst du nicht auf alle Fragen antworten.
sich ärgern	über + A	Sie ärgert sich oft über ihn.
aufhören	mit + D	Mit Rauchen aufzuhören, ist sehr schwierig.
aufpassen	auf + A	Sie arbeitet, er passt auf die Kinder auf.
sich aufregen	über + A	Reg dich nicht auf über solche Kleinigkeiten!
ausgeben	für + A	Er gibt sein Taschengeld für Zigaretten aus.
sich bedanken	bei + D, für + A	Ich bedanke mich bei ihr für ihre Hilfe.
sich beklagen	über + A	Beklag dich nicht über Dinge, die du doch nicht ändern kannst.
sich bemühen	um + A	Er bemüht sich um eine Lehrstelle.
berichten	über + A	Sie berichtet über ihre Erfahrungen in der Schnupperlehre.
sich beschäftigen	mit + D	Er beschäftigt sich abends mit seiner Briefmarkensammlung.
sich beschweren	bei + D, über + A	Er beschwert sich beim Chef über die ungerechte Behandlung.
bestehen	aus + D	Lebewesen bestehen zu einem hohen Prozentsatz aus Wasser.
sich beteiligen	an + D	Sie beteiligt sich an der Wette.
sich bewerben	um + A	Du bewirbst dich um eine Stelle.
sich beziehen	auf + A	Ich beziehe mich auf unser Gespräch vom 14. April 03.
bitten	um + A	Ich bitte dich um deine Hilfe.
denken	an + A	Tag und Nacht denk ich an dich.
diskutieren	über + A	Wir diskutieren über die neue Sitzordnung.
einladen	zu + D	Ich lade dich zu einem Rivella ein.
sich entscheiden	für/gegen + A	Der Personalchef hat sich für mich entschieden.
sich entschliessen	zu + D	Ich habe mich zu einer Lehre als Informatikerin entschlossen.
sich entschuldigen	bei + D, für + A	Ich habe mich bei ihm für meine freche Antwort entschuldigt.
erfahren	von + D	Ich habe aus der Zeitung von seinem Abschluss erfahren.
sich erholen	von + D	Sie hat sich von den Strapazen wieder erholt.
sich erinnern	an + A	Erinnerst du dich an Sybille?
erkennen	an + D	Du erkennst mich an der Rose im Knopfloch.
sich erkundigen	nach + D	Wir erkundigen uns nach einem besseren Angebot.
erschrecken	über + A	Erschrick nicht über sein Aussehen, er ist schwer krank.
erzählen	von + D über + A	Erzähl mir von deinen Ferien. Sie erzählte über ihre Familie.
fragen	nach + D	Fragen Sie einfach nach Frau Regler.
sich freuen	über + A auf + A	Ich freue mich über seinen Erfolg. Ich freue mich auf Weihnachten.
sich fürchten	vor + D	Er fürchtet sich vor grossen Hunden.
gehen	um + A	In diesem Buch geht es um einen Jungen, der …
gehören	zu + D	Was gehört alles zu vollständigen Bewerbungsunterlagen?
sich gewöhnen	an + A	Man kann sich an alles gewöhnen, wenn man will.
glauben	an + A	Glaubst du an einen Sieg der Grünen?
gratulieren	zu + D	Ich gratuliere dir zu der bestandenen Prüfung.
halten	für + A	Ich halte ihn für ausreichend intelligent, um das zu verstehen.
sich halten	für + A	Du hältst dich wohl für Brad Pitt!
sich handeln	um + A	Hier handelt es sich um ein Hoax.
handeln	von + D	Dieser Roman handelt von einem Mädchen, das alleine in einer Villa wohnt.
helfen	bei + D	Hilfst du mir beim Abwaschen?
hindern	an + D	Du bist der Letzte, der mich daran hindert.
hoffen	auf + A	Ich hoffe auf bessere Zeiten.
hören	von + D	Gut, dann hören wir von einander in zwei Wochen.
sich informieren	über + A	Ich informiere mich im BIZ über die verschiedenen Ausbildungen.
sich interessieren	für + A	Ich interessiere mich für die Stelle als Informatikerin.
kämpfen	für + A/gegen + A	Sie kämpften gegen die Ausbeutung der Kaffeepflanzer.
klagen	über + A	Klag nicht ständig über deine Wehwehchen.
kommen	zu + D	Heute komme ich leider nicht mehr dazu, das zu erledigen.
sich kümmern	um + A	Keine Sorge, Frau Sieber kümmert sich darum.
lachen	über + A	Über seine Macken lacht man am besten.
leiden	an + D	Er leidet an einer schweren Krankheit.

liegen	an + D	Mir liegt nichts an deiner Meinung.
nachdenken	über + A	Denk doch zuerst mal darüber nach!
protestieren	gegen + A	Wir protestieren gegen diese Einmischung in unsere Angelegenheiten.
rechnen	mit + D	Wir rechnen mit dir am nächsten Samstag am Match.
reden	über + A von + D	Wir redeten bis nachts um drei über Gott und die Welt. Von seinem Beitrag reden wir hier besser gar nicht.
riechen	an + D nach + D	Riech mal an diesem Fisch, der ist verdorben, oder? Hier riecht es grauenvoll nach Fussschweiss.
sagen	zu + D	Was sagst du zu seiner Krawatte?
schicken	an + A zu + D	Ihre Unterlagen schicken Sie an Frau Sieber. Schicken Sie ihn doch zum Teufel!
schimpfen	über + A	Er schimpft über seine hohe Handyrechnung.
sehen	von + D	Von der Überschwemmung ist fast nichts mehr zu sehen.
sein	für + A/gegen + A	Ich bin für/gegen mehr Mitbestimmung in der Schule.
senden	an + A	Bitte senden Sie die Unterlagen bis am 12. an Frau Sieber.
sorgen	für + A	Eltern müssen nach Gesetz bis zum 18. Lebensjahr für ihre Kinder sorgen.
sprechen	über + A von + D	Willst du über dein Problem sprechen? Sprich nicht immer nur von ihr.
sterben	an + D	Die meisten Menschen sterben an einem Herzinfarkt oder an Krebs.
sich streiten	mit + D, über + A	Er stritt sich mit mir über Geld. Über Geschmack lässt sich nicht streiten.
teilnehmen	an + D	Nimmst du an der Versammlung teil?
träumen	von + D	Von einem Lottogewinn träumen die meisten nur.
sich treffen	mit + D	Ich treffe mich heute Abend mit ihm.
sich trennen	von + D	Ich habe mich von meinem Freund getrennt.
sich überzeugen	von + D	Ich habe mich selber von seiner Ehrlichkeit überzeugt.
sich unterhalten	mit + D, über + A	Ich habe mich mit ihm über seine Zukunft unterhalten.
sich unterscheiden	von + D	Sie unterscheidet sich in manchen Dingen stark von ihrer Schwester.
sich verabreden	mit + D	Um wie viel Uhr bist du mit Sonja verabredet?
vergleichen	mit + D	Birnen kann man schlecht mit Äpfeln vergleichen.
sich verlassen	auf + A	Auf sie kann man sich verlassen.
sich verlieben	in + A	Er hat sich auf den ersten Blick in sie verliebt.
sich verstehen	mit + D	Ich verstehe mich gut mit meiner Mutter.
sich vorbereiten	auf + A	Ich muss mich auf die Englischprüfung vorbereiten.
sich vorstellen	unter + D	Was stellst du dir eigentlich unter Teamarbeit vor?
warnen	vor + D	Sie warnte mich vor zu viel Optimismus.
warten	auf + A	Warte vor dem Kino auf mich.
sich wenden	an + A	Bei Fragen wenden Sie sich an Frau Sieber.
werden	zu + D	Das wird langsam zu einem grossen Problem.
wissen	über + A	Was weisst du über seine Familie?
sich wundern	über + A	Ich wundere mich über seine schlechten Manieren.
zugehen	auf + A	Gute Chancen hast du, wenn du selber auf die Personalchefs zugehst.
zusammenhängen	mit + D	Das eine hängt doch mit dem anderen zusammen.
zweifeln	an + D	Zweifelst du etwa an seiner Intelligenz?

Rechtschreibung

In diesem Kapitel sind die wichtigsten Rechtschreiberegeln aufgeführt.
Bei weiteren Unsicherheiten:
- Schlage im Rechtschreibeduden nach. → S. 220
- Frage nach.

Ein Buchstabe zu jedem Laut

Jedem Laut eines Worts wird grundsätzlich ein Buchstabe zugeordnet.
Auf diesem Grundsatz beruht die deutsche Rechtschreibung. Allerdings regelt er die Rechtschreibung nur grob. Weitere Rechtschreiberegeln ergänzen ihn (wichtige Regeln: siehe unten; vollständige Regeln: siehe Vorspann des Rechtschreibedudens).

Dank diesen Regeln ist es möglich, alle Wörter unserer Sprache mit nur 26 Buchstaben aufzuschreiben.

Alle Buchstaben zusammen, in einer bestimmten Reihenfolge angeordnet, bilden das Alphabet (das Abc). Nach der alphabetischen Reihenfolge sind Nachschlagewerke (Wörterbuch, Lexikon etc.) aufgebaut.

Bei den Lauten unterscheiden wir
- Vokale (Selbstlaute)
  Das sind stimmhafte, also mit den Stimmbändern erzeugte Laute, bei denen der Mund geöffnet ist und der Atemstrom ungehemmt austritt!
- Konsonanten (Mitlaute)
  Das sind stimmhafte und stimmlose Laute, die im Mundraum artikuliert (geformt) werden (mit der Zunge, den Zähnen, dem Gaumen und den Lippen).
- Umlaute: ä/ö/ü
- Diphthonge (Zwielaute): ei/ai – au – eu/äu

Alphabet

Vokalbuchstaben	Konsonantenbuchstaben
A/a	
	B/b
	C/c
	D/d
E/e	
	F/f
	G/g
	H/h
I/i	
	J/j
	K/k
	L/l
	M/m
	N/n
O/o	
	P/p
	Q/q
	R/r
	S/s
	T/t
U/u	
	V/v
	W/w
	X/x
Y/y	
	Z/z

Lange und kurze Vokale Wichtigste Regeln

Die Vokale der Wörter werden lang oder kurz ausgesprochen (z.B. R*o*hrp*o*st).

Lange Vokale
Kein Dehnungszeichen für lange Vokale

• Viele Wörter mit einem langen, betonten Vokal werden ohne Dehnungszeichen, d.h. nur mit einem einfachen Vokal, geschrieben. Das gilt v.a. für a, e, o, u und die dazugehörigen Umlaute ä, ö, ü.	*N*a*me, Tr*ä*ne, R*e*gen, r*u*fen, sp*ü*len, r*o*t, R*ö*mer*

Dehnungszeichen für lange Vokale

• Dehnungs-h: Lange a, e, o, u und die Umlaute werden oft mit einem nachfolgenden h gekennzeichnet, v.a. wenn l, m, n oder r folgt. Selten wird ein langes i mit einem h gekennzeichnet. • Dehnungs-e: Ein langes i wird meistens mit einem nachfolgenden e gekennzeichnet. • Vokalverdoppelung: Lange a, e, o werden manchmal durch Verdoppelung gekennzeichnet.	*Pf*ah*l, H*öh*le, R*ah*m, n*eh*men, bel*oh*nen, s*eh*r Pronomen wie: i*h*m, i*h*nen, i*h*r Li*e*be, Li*e*d, laufen – li*e*f, Li*e*ge, rad*ie*ren W*aa*ge, M*ee*r, B*oo*t*

Kurze Vokale
Verdoppelung der Konsonanten

• Hörst du nach einem kurzen, betonten Vokal nur einen Konsonanten, wird dieser fast immer verdoppelt. Statt kk und zz schreibst du ck und tz.	*schl*a*ff, w*e*nn, W*o*lle, S*u*ppe, w*a*cker, H*i*tze*

Keine Verdoppelung der Konsonanten

• Folgen nach einem kurzen, betonten Vokal zwei verschiedene Konsonanten, wird meist keiner verdoppelt.	*k*u*rz, h*a*rt, schl*e*cht, st*o*lz.*

S-Laute Wichtigste Regeln

Die Endungen -as, -is, -us,

Wörter, die im Singular die Endungen -as, -is, -us haben, werden im Plural zu -asse, -isse, -usse.	*Atlas – Atlasse (oder Atlanten), Kenntnis – Kenntnisse, Bus – Busse*

Das

ist Artikel oder Pronomen. Überprüfe mit «dieses/welches»	*Das Bild, das du hier siehst, ist schön. Probe: (Dieses Bild, welches du hier siehst, ist schön.)*

Dass

ist Konjunktion und leitet einen Nebensatz ein.	*Ich hoffe, dass du kommst.*

Grossschreibung Wichtigste Regeln

Grossgeschrieben wird

• **das erste Wort im Satz**	*Sie liebt Kaffee. Er aber bevorzugt Tee.*
Grossschreibung gilt auch nach einem Doppelpunkt	
– wenn nachher ein ganzer Satz folgt.	*Das Unerwartete traf ein: Er lachte.*
– wenn eine direkte Rede folgt.	*Sie rief: «Das geht nicht!»*

Grossgeschrieben werden

• **alle Nomen und wie Nomen gebrauchte Wörter**	*Mein Name ist Lea.*
Diese Regel ist die wichtigste. Grundsätzlich gilt: Nomen gross, andere Wortarten klein. Gewöhnliche Nomen machen kaum Probleme. Manchmal werden aber auch Wörter anderer Wortarten wie Nomen gebraucht. Ist dies der Fall, haben auch sie ein grammatisches Geschlecht und können einen Begleiter haben:	
– wie Nomen gebrauchte Adjektive; diese kommen häufig nach *allerlei, alles, etwas, genug, nichts, viel, wenig* und ähnlichen Wörtern vor.	*Das Schönste habe ich dir noch nicht erzählt.* *Das verspricht nichts Gutes. Alles Versprochene muss eingehalten werden.*
– wie Nomen gebrauchte Verben	*Das Fahren ohne Licht ist gefährlich.*
– wie Nomen gebrauchte Partikeln	*Dein dauerndes Hin und Her nervt mich.*
– wie Nomen gebrauchte Zahlpronomen	*Die Sechs in Deutsch freut mich.*
Sonst gibt es sehr wenige wie Nomen gebrauchte Pronomen.	*Du bist mein Ein und Alles.*
Wenn kein Begleiter beim Nomen steht: Überprüfe bei Unsicherheiten mit «das».	*Sattes Grün gefällt ihr. (Das satte Grün gefällt ihr. → Grün ist hier Nomen.)* *Du weisst, Lachen ist gesund. (Du weisst, das Lachen ist gesund. → Lachen ist hier Nomen.)* *Musst du gehen? (Musst du das gehen? → Geht nicht: Gehen ist ein Verb.)*
• geografische Eigennamen	*Sie wohnt an der Alten Landstrasse.*
• amtliche Eigennamen	*Das Rote Kreuz wurde von Henri Dunant gegründet.*
• geschichtliche Eigennamen	*Die Französische Revolution begann 1789.*
• das erste Wort eines Titels	*Kennst du das Buch «Als ich ein kleiner Junge war» von Erich Kästner?*
• die **Höflichkeitspronomen** Sie, Ihr und ihre deklinierten Formen	*Ich wünsche Ihnen und Ihren Kindern schöne Ferien, Herr Müller.*

Kleinschreibung Wichtigste Regeln

Kleingeschrieben werden

• **Verben, Adjektive, Pronomen, Partikeln** Die Grenzen zwischen der Wortart Nomen und anderen Wortarten muss jeweils genauer geklärt werden. Kleingeschrieben werden	*Er schaut mich lange fragend an, denn scheinbar versteht er wirklich nicht, worum es geht.*
– von Nomen abgeleitete Partikeln.	*Ich erinnere mich, dass ich anfangs dank meiner Motivation abends und morgens, ja sogar sonntags lernte.*
Ein bisschen, ein paar, wenn sie *wenig* bzw. *einige* bedeuten. Überprüfe bei Unsicherheiten mit der Bedeutung.	*Ein bisschen frische Luft tut gut. (Wenig frische Luft tut gut.* → *«bisschen» ist hier ein Partikel.)* *Ein paar Freundinnen helfen mir. (Einige Freundinnen helfen mir.* → *«paar» ist hier Partikel.)* *Sarah und Louis sind ein Paar. (Sarah und Louis sind einige.* → *Macht keinen Sinn. Paar ist ein Nomen.)*
– die **meisten Pronomen,** auch wenn sie die Stelle eines Nomens einnehmen und einen Begleiter haben. – meistens die Pronomen *ein, ander, viel, wenig*, einschliesslich ihrer Vergleichsformen.	*Ihr beide bleibt aber da, denn etwas solches dulde ich nicht.* *Die einen interessieren sich fürs Kino, die anderen fürs Theater. Die meisten wollen aber einfach in den Ausgang, denn die wenigsten ziehen es vor, zu Hause zu bleiben.*
• einige Nomen, die mit einem Verb eine stehende Verbindung eingegangen sind (oft mit *sein* oder *werden*).	*Du bist nicht schuld am Missgeschick. Aber mir wird angst, wenn ich an die Folgen denke.*
• wie Nomen gebrauchte Adjektive nach einer Präposition. Einige feste Verbindungen aus reiner Präposition (= ohne Artikel, auch nicht verschmolzen) + Adjektiv: binnen kurzem, vor kurzem, seit kurzem seit langem, vor langem, seit längerem, vor längerem von nahem seit neuestem von weitem, bei weitem bis auf weiteres, ohne weiteres	*Bis auf weiteres will ich ihn nicht einmal von weitem sehen.* Alle Adjektive können auch grossgeschrieben werden.
• Adjektive, nach denen ein Nomen hinzugedacht werden kann, das sonst im Satz (oder Text) vorkommt.	*Dieser Weg ist der direktere, aber steilere (= der direktere, aber steilere Weg), jener der bequemere (= der bequemere Weg).*

Getrennt- oder Zusammenschreibung? Wichtigste Regeln

Überblick

Getrenntschreibung	Zusammenschreibung
Wörter, die eine **Wortgruppe** bilden, werden getrennt geschrieben. Die selbständige Bedeutung der einzelnen Wörter wird hervorgehoben. *Ich muss meine Schuhe wieder holen.* (*Ich muss wieder meine Schuhe holen.*)	**Zusammensetzungen** aus Wörtern werden zusammengeschrieben. Mehrere Wörter werden dem Sinne nach als Einheit verstanden. *Ich muss diese Wörter wiederholen.*
Du und ich, wir müssen die Schuhe zusammen suchen. (*Wir müssen zusammen die Schuhe suchen.*)	*Zuerst muss ich mir das ganze Schulmaterial zusammensuchen.*
Ich fange an zu frieren. (Infinitiv: *anfangen zu frieren*)	*Der See wird zufrieren.* (Infinitiv: *zufrieren werden*)
Das Haus, in dem wir wohnen, ist gross. (*Das Haus, in welchem wir wohnen, ist gross.*)	*Er half uns, indem er uns anfeuerte.* (*Er half uns dadurch, dass er uns anfeuerte.*)
Nach dem will ich nicht mehr Rad fahren. (*Nach dem Vorfall will ich nicht mehr Rad fahren.*)	*Nachdem das passiert ist, will ich nicht mehr Ski laufen.* (*Seit das passiert ist, will ich nicht mehr Ski laufen.*)
Er ist schon so lange weg. (*Er ist schon sehr lange weg.*)	*Solange es schneit, bleiben wir zu Hause.* (*Während es schneit, bleiben wir zu Hause.*)

Getrenntschreibung Wichtigste Regeln

Wörter, die nebeneinander stehen und inhaltlich aufeinander bezogen sind, werden normalerweise getrennt geschrieben.

Getrennt geschrieben werden

• Verbindungen aus einem Nomen und einem Verb.	*Sie lernt Auto fahren. Nachher geht sie jeweils Ski laufen.*
• fast immer zwei nebeneinander stehende Verben.	*Du musst sie unbedingt kennen lernen. Ihr könnt ja zusammen spazieren gehen.*
• alle Verbindungen mit dem Verb *sein*.	*Er wird morgen um drei Uhr da sein. Wann wirst du fertig sein?*
• Wortgruppen aus Adjektiv und Verb, wenn das Adjektiv in diesem Zusammenhang sinnvoll steiger- oder erweiterbar ist.	*Es wird ihr gut gehen.* steigerbar: *Es wird ihr besser gehen.* erweiterbar: *Es wird ihr sehr gut gehen.* Aber: *Die Banken werden die Zinsen gutschreiben.* («gut» in dieser Zusammensetzung zu steigern oder zu erweitern, macht keinen Sinn.)
• Meist getrennt geschrieben werden Adjektive mit *-ig-*, *-lich-*, *-isch-* Endung in einer Wortgruppe mit einem weiteren Adjektiv oder Verb.	*Ich bin schrecklich nervös, denn die Klippe ist riesig gross. Ich will dir nicht lästig fallen. Du solltest sie freundlich grüssen. Es ist wichtig, dass wir kritisch denken.*

Zusammenschreibung Wichtigste Regeln

Zusammengeschrieben werden

• mehrteilige Nomen und Zusammensetzungen, bei denen der letzte Teil ein Nomen ist.	*Am liebsten esse ich Tomatenspaghetti und Gurkensalat. Das Klavierspielen bereitet mir eine Riesenfreude.*
Bei umfangreichen Zusammensetzungen wird ein Bindestrich verwendet.	*Das Kopf-an-Kopf-Rennen ist vorbei.*
• mehrteilige Adjektive und Zusammensetzungen, bei denen der letzte Teil ein Adjektiv ist.	*Er hat graublaue Augen. Freudestrahlend hat sie mir das erzählt. Sie ist wirklich nicht altersschwach.*
Ausnahmen: – Adjektive mit *-ig-*, *-lich-*, *-isch*-Endung in einer Wortgruppe mit einem weiteren Adjektiv – Wenn das erste Adjektiv sinnvoll erweitert oder gesteigert werden kann	→ S. 214 (Beispiele Getrenntschreibung) *Das ist leicht verständlich.* steigerbar: *Das ist leichter verständlich.* erweiterbar: *Das ist sehr leicht verständlich.*
• mehrteilige Wörter, wenn einzelne Teile nicht selbstständig vorkommen können.	*Das Unternehmen musste ja fehlschlagen.* (Fehl kommt nicht selbstständig vor, nur z.B. Fehler.) *Er ist schwerstbehindert.* (Schwerst kommt nicht selbstständig vor, nur z.B. schwer.)
• Verben in Verbindung mit *heim-, irre-, preis-, stand-, statt-, teil-, wett-, wunder-*.	*Meine Kolleginnen wetteiferten um den Sieg. Sie konnten ihren Angreiferinnen standhalten, bis ich heimgehen musste.*
• die meisten Zusammensetzungen aus Partikel + Verb.	*Ich muss mein Zimmer aufräumen. Du musst mir nicht helfen, ich will alleine zupacken.*

Sil-ben-tren-nung Wichtigste Regeln

Bei lang-sa-mem Spre-chen hörst du in den meis-ten Fäl-len die Sprech-sil-ben he-raus. Bei Un-si-cher-hei-ten hel-fen die nach-ste-hen-den Re-geln und das Wör-ter-buch.

Konsonantenregeln

• Ein einzelner Konsonantenbuchstabe (bei mehreren der letzte) kommt zur folgenden Silbe.	*fü-gen, flat-tern, Ap-fel, leis-ten, Leh-rer-zim-mer*
• Konsonantenverbindungen, die als ein Laut gesprochen werden *(ck, ch, sch, ph, th)*, werden nicht getrennt.	*Ja-cke, la-chen, Fla-sche, Al-pha, Me-than*

Vokalregel

• Zwischen mehreren Vokalen darf nur getrennt werden, wo beim Sprechen die Silbengrenze deutlich wird.	*Trau-ung, be-frei-en, Mu-se-um, er-neu-ern, eu-ro-pä-isch, He-ro-in*

Regeln bei zusammengesetzten Wörtern

• Beim langsamen Sprechen zerfallen zusammengesetzte Wörter sowie Wörter mit Vorsilben in ihre Bestandteile.	*Glatt-eis, trepp-ab, Be-trug, An-fang, Zimmer-pflanzen (Zim-mer-pflan-zen)*
• Mit Vokal anlautende Nachsilben werden nicht abgetrennt. Es gelten die Konsonanten- und Vokalregeln.	*Ach-tung, Ver-käu-fe-rin, ei-lig*

Satzzeichen Wichtigste Regeln

Ein wichtiges Hilfsmittel zur Gliederung der geschriebenen Sprache sind die Satzzeichen. Sie helfen beim (Vor-)Lesen eines Textes.
Satzendzeichen (. ! ?) kennzeichnen das Ende eines Satzes (Erzählschrittes). Satzzeichen innerhalb des Satzes (, ; :) kennzeichnen die innere (grammatische) Gliederung eines Satzes. Daneben gibt es einige Zeichen mit Spezialfunktionen («» – … () ')

Satzendzeichen . ! ?

Der **Punkt** schliesst den Satz neutral ab.	*Ich kann nicht kommen. Ich weiss nicht, wer das gemacht hat.*
Das **Ausrufezeichen** kennzeichnet den Nachdruck, mit dem etwas gesagt wird: in Befehlen, Wünschen oder Aufforderungen.	*Komm mit! Platz da! Vorsicht! Das darfst du nie mehr machen! Hätte ich das doch nur schon vorher gewusst!*
Das **Fragezeichen** schliesst Fragen ab.	*Kommst du mit? Weisst du, wer das gemacht hat? Hast du Hunger? Durst?*

Satzzeichen innerhalb des Satzes , ; :
Das Komma

• **trennt Teilsätze**	*Lea liest gerne Reiseberichte, ihre Schwester bevorzugt Romane. Er will wissen, ob das, was du gesagt hast, wirklich stimmt.*
Es kann in zusammengesetzten Sätzen gesetzt werden, wenn zwei Teilsätze mit «und» verbunden werden.	*Lea liest gerne Reiseberichte(,) und ihre Schwester bevorzugt Romane.*
Es wird meist bei Teilsätzen gesetzt, die keine Personalform enthalten, sondern nur einen Infinitiv oder ein Partizip.	*Er zögerte(,) den Schalter zu drehen. Vom heissen Tee gestärkt(,) trainierten sie weiter.*
Spezialfall: Bei Teilsätzen mit gemeinsamen Teilen (zusammengezogene Sätze) steht kein Komma, wenn sie mit «und» bzw. «oder» verbunden sind.	*Sie gab Gas und fuhr davon. [Sie gab Gas(,) und sie fuhr davon.] Er weiss, dass Bea kommt und vermutlich auch noch Roger eintreffen wird. [Er weiss, dass Bea kommt(,) und er weiss, dass vermutlich auch noch Roger eintreffen wird.]*
• **gliedert Aufzählungen**	*Ich schreibe den Eltern, meiner Schwester und meinem Freund. Wir finden dieses Buch spannend, humorvoll und lehrreich.* Aber: *Sie hat eine begeisternde sportliche Leistung vollbracht.* (Die sportliche Leistung ist begeisternd. Die Leistung ist nicht sportlich und begeisternd.)

Das Komma

- **steht vor (und nach) nachgestellten Angaben**
  - Diese sind meist eingeleitet durch *also, und zwar, und das, nämlich, das heisst, zum Beispiel etc.*

    Du gehst jetzt nach Hause, und zwar sofort!

  - Nachgestellt werden oft Berufsangaben oder Titel.

    Frau Fischer, die Gemeindepräsidentin, war auch anwesend.

- **steht bei Ausrufen und Einwürfen**

  Ja, das stimmt schon. Ach, das macht doch nichts! Geben Sie mir etwas mehr Zeit für diese Arbeit, bitte.

- **steht bei anreihenden und entgegensetzenden Konjunktionen**
  - Anreihende Konjunktionen:
    *bald – bald, einerseits – andrerseits, einesteils – andernteils,
    teils – teils, ob – ob, halb – halb,
    nicht nur – sondern auch*

    Die Kinder spielten teils im Garten, teils auf der Strasse.

  - Entgegensetzende Konjunktionen:
    allein, jedoch, doch, vielmehr, sondern

    Das ist keine Fliege, sondern eine Mücke.

Der Strichpunkt

steht zwischen zwei Teilsätzen, die auch durch einen Punkt abgetrennt werden könnten. Er zeigt, dass diese zwei Teilsätze enger zusammengehören als zwei einzelne Sätze.

Ich freue mich, dass du mitkommst; es wird bestimmt ein tolles Fest.

Der Doppelpunkt

- kündigt die direkte Rede an.

  Sie sagte: «Das ist doch ganz einfach.»

- steht vor Aufzählungen und Ankündigungen.

  Er malt die verschiedensten Sujets: Porträts, Landschaften, Stillleben und auch Tiere. Aufgepasst: Morgen ist schulfrei!

Zeichensetzung in der direkten Rede

Sie sagte: «Das ist doch ganz einfach.»
Er sagte: «Machs gut», nahm den Hut und ging.
«Mir gefällt es hier», sagte Marisa.
«Was soll das sein?», fragte sie.
«Morgen früh», versprach sie, «komme ich zurück.»
«Ich höre auf», meinte er. «Es hat keinen Sinn mehr.»
«Hör auf!», rief sie. «Es hat keinen Sinn.»
Sie rief: «Kommst du mit?» – «Wohin denn?», wollte er wissen.

Spezialzeichen « » – … ( ) '

Anführungszeichen

• stehen vor und hinter der direkten Rede.	«Mir gefällt es hier», sagte Marisa.
• stehen vor und hinter angeführten Textstellen (Zitaten) und Titeln.	Der vierte Streich in «Max und Moritz» fängt so an: «Also lautet ein Beschluss, dass der Mensch was lernen muss.»

Der Gedankenstrich

• steht zwischen zwei direkten Reden.	Sie rief: «Kommst du mit?» – «Wohin denn?», wollte er wissen.
• kündigt Überraschendes an.	Plötzlich – ein gellender Schrei!
• bezeichnet den Abbruch einer Rede oder eines Gedankens.	«Sei still, du – !», schrie er ihn an.
• rahmt eingeschobene Bemerkungen ein.	Er weigert sich – leider! – nach wie vor, uns zu helfen.

Der Bindestrich

• ersetzt Wortteile, die sich wiederholen.	Im Einkaufszentrum kannst du Garten- und Campingmöbel kaufen. Im Jura geht es bergauf und -ab.
• verdeutlicht Wortzusammensetzungen («Verbindungen»).	Er hat schreckliche O-Beine. Eine 2-kg-Dose ist für uns zu gross.

Die Auslassungspunkte

kennzeichnen den Abbruch einer Rede, eines Gedankens. Sie fordern die Lesenden auf, selber weiterzudenken.	Reden ist Silber… Er gab den Takt an: «Eins – zwei, eins – zwei …»

Die Klammern

umschliessen erklärende Zusätze.	Mozart (1756–1791) erregte schon als Kind durch seine Begabung Aufsehen. Sie sagte (es war kaum zu hören): «Ich glaube das nicht.» Es gibt Wörter mit zwei Bedeutungen, z.B. Grille (Insekt und Laune).

Der Apostroph

Der Apostroph steht im Genitiv von Eigennamen, an die aus lautlichen Gründen nicht die Endung -s angefügt werden kann.	Ines' Vorschlag ist gut. Felix' Mappe liegt am Boden. Tobias' Zimmer gefällt mir.

Rechtschreibeduden

Häufige Zeichen und Abkürzungen

| steht für die Trennung   - steht für das Stichwort
Plur. = Plural (Mehrzahl)   *Sing.* = Singular (Einzahl)
↑ R weist auf die Nummer der Rechtschreiberegel im Vorspann hin.
Rote Hinweise sind für Leute wichtig, die noch die alte Regelung gelernt haben.

Herkunft: Beschränkung im Gebrauch:
griech. = griechisch   schweiz. = schweizerisch
lat.   = lateinisch   österr. = österreichisch
ital.   = italienisch   südd.   = süddeutsch
franz. = französisch   geh.   = gehobene Sprache
roman. = romanisch   ugs.   = umgangssprachlich
engl.   = englisch

Listen aller verwendeten Zeichen und Abkürzungen stehen am Anfang des Dudens.

Aus dem Rechtschreibeduden kann Folgendes herausgelesen werden:
Rechtschreibung, Formen, Bedeutung, Verwendung und Aussprache eines Wortes

ru|dern: Das u ist unterstrichen, d.h. es wird lang gesprochen = Aussprache

Ru|di|ment: Das u ist nicht unterstrichen, d.h. es wird kurz gesprochen; unter dem e steht ein Punkt, d.h. der Akzent liegt auf dem e = Aussprache

Ruf, der; -[e]s, -e = Formen
     1   *2*   *3*
1 Ruf ist ein männliches Nomen   *2* Genitiv: des «Rufs» oder «des Rufes»
3 Mehrzahl: «die Rufe»

rufen; du rufst; du riefst; du riefest; gerufen, ruf[e]! = Formen
     1   *2*   *3*   *4*   *5*   *6*
1 Infinitiv (Grundform)   *2* Indikativ Präsens: *Ich komme, wenn du rufst.*
3 Indikativ Präteritum: *Ich kam, als du riefst.*   *4* Konjunktiv II: *Sie käme, wenn du riefest.*
5 Partizip II: *Hast du mich gerufen?*   *6* Imperativ: *Ruf[e] und ich komme.*

Rüffel *(ugs. für* Verweis, Tadel) [*ugs.* heisst umgangssprachlich] = Bedeutung

Ru|he|be|dürf|nis: Die senkrechten Striche zeigen dir, wo du das Wort trennen kannst = Rechtschreibung: Silbentrennung

ruhen: Das Wort steht in einem blau unterlegten Kästchen; solche Kästchen findest du im Rechtschreibeduden oft. Sie fassen zusammen, wie Wörter geschrieben werden müssen. Meist geht es um die Fragen: Zusammen oder getrennt? Gross oder klein? = Rechtschreibung

ruhig stellen oder ruhigstellen: Du kannst zusammen oder getrennt schreiben. «ruhig stellen» ist gelb unterlegt: Der Duden empfiehlt die Getrenntschreibung; solche Empfehlungen macht aber nur der grosse Rechtschreibeduden; z.B. im «Schweizer Schülerduden, Rechtschreibung» findest du sie nicht. «ruhigstellen» ist rot geschrieben: Das heisst, dass das Wort vor der Rechtschreibreform 1998 so geschrieben worden ist. = Rechtschreibung: Getrenntschreibung

Ruder – Ruin

Ru|der, das; -s, -; ans Ruder (ugs. für in eine leitende Stellung) kommen
Ru|de|ral|pflan|ze ⟨lat.; dt.⟩ (Pflanze, die auf stickstoffreichen Schuttplätzen gedeiht)
Ru|der|bank Plur. ...bänke; **Ru|der|blatt; Ru|der|boot**
Ru|der|club vgl. Ruderklub
Ru|de|rer, Rud|rer
Ru|der|fü|ßer (Zool.)
Ru|der|gän|ger (Segeln jmd., der das Ruder bedient); **Ru|der|gän|ge|rin; Ru|der|haus**
...ru|de|rig, ...rud|rig (z. B. achtrud[e]rig)
Ru|de|rin, Rud|re|rin
Ru|der|klub, Ru|der|club; **Ru|der|ma|schi|ne**
▶ **ru|dern;** ich rudere
Ru|der|re|gat|ta; Ru|der|sport, der; -[e]s; **Ru|der|ver|band;** Deutscher Ruderverband; **Ru|der|ver|ein**
Rü|des|heim am Rhein (Stadt in Hessen); **Rü|des|hei|mer**
Rüd|heit
Ru|di (m. Vorn.)
Rü|di|ger (m. Vorn.)
▶ **Ru|di|ment,** das; -[e]s, -e ⟨lat.⟩ (Überbleibsel; verkümmertes Organ); **ru|di|men|tär** (nicht ausgebildet; verkümmert)
Ru|dolf (m. Vorn.)
Ru|dol|fi|ni|sche Ta|feln Plur. (von Kepler für Kaiser Rudolf II. zusammengestellte Tafeln über Sternenbahnen)
Ru|dol|stadt (Stadt a. d. Saale); **Ru|dol|städ|ter**
Rud|rer vgl. Ruderer
Rud|re|rin vgl. Ruderin
...rud|rig vgl. ...ruderig
Rüeb|li, das; -s, - (schweiz. für Karotte)

R Rude

Ruf, der; -[e]s, -e; **Ruf|be|reit|schaft** (Bereitschaftsdienst)
Rü|fe, die; -, -n (schweiz., westösterr. für Mure)
▶ **ru|fen;** du rufst; du riefst; du riefest; gerufen; ruf[e]!; er ruft mich, den Arzt rufen
Ru|fer; Ru|fe|rin
Rüf|fel, der; -s, - (ugs. für Verweis, Tadel); **rüf|feln;** ich rüff[e]le; **Rüff|ler; Rüff|le|rin**
Ruf|mord (schwere Verleumdung)
Ruf|nä|he; Ruf|na|me
Ruf|num|mer
Ruf|preis (österr. für bei einer Auktion ausgerufener Preis)
Ruf|säu|le
ruf|schä|di|gend; Ruf|schä|di|gung

Ruf|wei|te, die; -; **Ruf|zei|chen**
Rug|by [ˈrakbi], das; -[s] ⟨engl.⟩ (ein Ballspiel)
Rü|ge, die; -, -n
Ru|gel, der; -s, - (schweiz. für Rundholz)
rü|gen
Rü|gen (Insel vor der vorpommerschen Ostseeküste); **Rü|ge|ner; rü|gensch,** rü|gisch
rü|gens|wert
Rü|ger; Rü|ge|rin
Ru|gi|er (Angehöriger eines ostgermanischen Volksstammes)
rü|gisch vgl. rügensch
Ru|he, die; -; jmdn. zur [letzten] Ruhe betten (geh. für beerdigen); sich zur Ruhe setzen
Ru|he|bank Plur. ...bänke
▶ **Ru|he|be|dürf|nis,** das; -ses; **ru|he|be|dürf|tig; Ru|he|bett** (veraltet für Liegesofa)
Ru|he|ge|halt, das; -[e]s (svw. Pension); **ru|he|ge|halt[s]|fä|hig** (Amtsspr.)
Ru|he|geld (Altersrente); **Ru|he|ge|nuss** (österr. Amtsspr. Pension)
Ru|he|kis|sen; Ru|he|la|ge
ru|he|los; Ru|he|lo|sig|keit, die; -
Ru|he|mas|se (Physik)

▶ **ru|hen**
– ruht! (österr. für rührt euch!)
Schreibung in Verbindung mit Verben:
– man soll die Toten ruhen lassen
– ein Verfahren ruhen lassen od. ruhenlassen
– die Angelegenheit wird ihn nicht ruhen lassen od. ruhenlassen
– wir wollen sie ein wenig ruhen lassen
– sie hat dort nicht ruhen können, nicht ruhen wollen

ru|hend; er ist der ruhende Pol; der ruhende Verkehr
ru|hen las|sen, ru|hen|las|sen vgl. ruhen
Ru|hens|be|stim|mun|gen Plur. (österr. für Bestimmungen über Zuverdienstgrenzen für Pensionisten)
Ru|hens|be|trag (Berechnungsgröße bei vorgezogener Pensionierung)
Ru|he|pau|se; Ru|he|platz; Ru|he|pol; Ru|he|po|si|ti|on
Ru|he|raum; Ru|he|sitz
Ru|he|stand, der; -[e]s; des -[e]s (Abk. d. R.); im Ruhestand (Abk.

i. R.); **Ru|he|ständ|ler; Ru|he|ständ|le|rin**
Ru|he|statt, Ru|he|stät|te (geh.)
Ru|he|stel|lung (bes. Milit.)
ru|he|stö|rend; ruhestörender Lärm ↑K 59; **Ru|he|stö|rer; Ru|he|stö|re|rin; Ru|he|stö|rung**
Ru|he|tag; Ru|he|zeit; Ru|he|zu|stand
ru|hig; ruhig Blut bewahren; ruhig sein, werden, bleiben; ein Gelenk
▶ **ruhig stellen** od. ruhigstellen
ru|hig|stel|len (durch Medikamente beruhigen); einen Patienten ruhigstellen; vgl. ruhig; **Ru|hig|stel|lung** (Med.)
Ruh|la (Stadt in Thüringen)
Ruhm, der; -[e]s
Ruh|mas|se (svw. Ruhemasse)
ruhm|be|deckt ↑K 59
Ruhm|be|gier[de], die; -; **ruhm|be|gie|rig** ↑K 59
rüh|men; sich seines Wissens rühmen; ↑K 82; nicht viel Rühmens machen; **rüh|mens|wert**
Ruh|mes|blatt; meist in kein Ruhmesblatt sein
Ruh|mes|hal|le; Ruh|mes|tat
rühm|lich; ruhm|los; ruhm|re|dig (geh. für prahlerisch); **ruhm|reich**
Ruhm|sucht, die; -; **ruhm|süch|tig**
ruhm|voll
¹**Ruhr,** die; -, -en Plur. selten (Infektionskrankheit des Darmes)
²**Ruhr,** die; - (rechter Nebenfluss des Rheins); vgl. aber Rur
Rühr|ei
rüh|ren; sich rühren; etwas schaumig rühren; den Teig **glatt rühren** od. glattrühren
rüh|rend; am rührendsten
Ruhr|ge|biet, das; -[e]s
rüh|rig; Rüh|rig|keit, die; -
Ruhr|koh|le
ruhr|krank
Rühr|ku|chen
Rühr|löf|fel; Rühr|ma|schi|ne
Rühr|mich|nicht|an, das; -, - (Springkraut); das Kräutlein Rührmichnichtan
Ruhr|ort (Stadtteil von Duisburg)
Ruhr|pott, der; -[e]s (ugs. für Ruhrgebiet)
rühr|sam (veraltet für rührselig; rührig)
Rühr|schüs|sel
rühr|se|lig; Rühr|se|lig|keit, die; -
Rühr|stück
Rühr|teig
Rüh|rung, die; -
Rühr|werk
Ru|in, der; -s ⟨lat.-franz.⟩ ([finanzieller] Zusammenbruch)

Stichwort-Register

		Werkbuch	Sachbuch
Abkürzungen, beim Mitnotieren		40	
Abkürzungen, Zeichen Duden		220	
Abschnitt		102	
Adjektiv	Wortart	162, 198	227
Adverbiale	Satzglied	148	240f
Akkusativ	Fall/Kasus; *Wen/Was?*	197	177, 29, 239f
Akkusativobjekt	Satzglied	144	
Aktiv	Verbform (Handlungsrichtung)	154	224f, 235
Alphabet		210	102–105
Anfrage		176f	
Anführungszeichen	Satzzeichen	219	
anleiten		104f	
Apostroph	Spezialzeichen	219	
appellieren		106f	
Archive, Informationen beschaffen		80	
Argumentieren		108f	
Artikel	Wortart (Pronomen)	162, 201	14, 226f
Attribut	Teil eines Satzglieds	150	238
Aufbau, beim Text überprüfen		100	
Aufbau, Referat		8	
Aufzählung, Komma bei	Satzzeichen	217	
Auslassungspunkte	Spezialzeichen	219	
Aussagesatz	Satzart	142	233, 235
Baumdiagramm		64f	
Begleiter	Pronomen	162, 200f	228
Begriffe ausbauen		126f	
Beraten werden beim Schreiben		128f	
berichten		110–111	
beschreiben		112f	
Betonung		211, 220	
beurteilen, selber, andere, s. lassen		34–37	
Bewerbungsgespräch		18	
Bewerbungsschreiben		178f	
Bindestrich	Spezialzeichen	219	
Boole'sche Suchstrategie		82	
Brief		176f, 178f	
Buchstabe		210	112
Clustering/Cluster		88f	
Dativ	Fall/Kasus; *Wem?*	197	226–229, 239–243
Dativobjekt	Satzglied	144	
Dehnungszeichen langer Vokale		211	
Deklination, deklinieren, deklinierbar	Fall/Kasus und Einzahl/Mehrzahl bilden	160, 197	222, 226–229
Delta		64f	
Demonstrativpronomen	Wortart (Pronomen)	201	
Diphtong = Zwielaut		210	
direkte Rede, Satzzeichen		218	
Diskussion		30–33	
Diskussionsleitung		32	
Diskussionsteilnahme		30	
Doppelpunkt	Satzzeichen	218	
Duden, nachschlagen		220	
effizient lesen		44	
Eigennamen		212	
einfaches Verb		193	
Einleitung, argumentieren		108f	
Einsetzprobe		158	
Einwürfe, Komma		218	
Ersatzprobe		136	

		Werkbuch	Sachbuch
erster Satz		130	
Erweiterungsprobe		138	
erzählen		114f	
Erzählperspektive		114	
Fall, Fälle		160, 197	223, 226–228
Formen, überprüfen		120	
Frage, rhetorische (Scheinfrage)		10	
Fragezeichen	Satzzeichen	217	
Fünf-Schritt-Methode		45–51	
Futur, I und II	Verbform (Tempus/Zeitform)	194f	215, 224, 235
Gedankenstrich	Spezialzeichen	219	
Genitiv	Fall/Kasus; *Wessen?*	146f, 150	177, 226–229
Genitivobjekt	Satzglied	146	
Genus/Geschlecht		160, 197	226–228
Gespräche erproben		14f	
Gespräche in Gruppen		28	
Gespräche zu zweit		14–27	
Gesprächsregeln		28	
Gesprächsverhalten		28	
Gestaltendes Vorlesen		4	
Gliedern, Texte		102	
Grafiken lesen		54	
Grammatik		136–175	214–247
Grossschreibung		212	223, 226–268
Handlung/Handlungsrahmen		114–117	
Hauptsatz	Teilsatz	152	244–247
Hilfsverb		158	215, 225
Höflichkeitspronomen		212	
Homepages		80	
Hören, Zuhören		38–43	
Imperativ	Verbform (Modus)	196	182, 224, 234
Indikativ	Verbform (Modus)	196	224, 234
indirekte Rede		156	
Infinitiv	Grundform des Verbs	158	182, 215
Informationen beschaffen		76–85	
Inhalte sammeln und ordnen		87–97	
Inhaltlichen Textaufbau überprüfen		100–101	
Internet, Informationen beschaffen		80–83	
Interrogativpronomen	Unterart der Pronomen (Frage-)	192, 199, 200	
Interview		20	
Kartei		168–171	
Kataloge, Informationen beschaffen		80	
kausal, Adverbiale		148	246f
Kern	Teil eines Satzglieds	150	
Kernaussagen		56	
Klammern	Spezialzeichen	219	
Kleinschreibung		213	
Kommunikation beobachten		34–37	
Komparativ	Adjektiv, gesteigertes	198	
Konjugation, konjugieren	Verb in Person und Zeit setzen	193	222, 236
Konjunktion	Unterart der Partikeln	164, 192, 202f	222f, 245–247
Konjunktiv, I und II	Verbform (Modus)	156, 196	182, 223f, 234
Konsonant = Mitlaut		210	
Konsonantenregel		216	
Kreisdiagramm		72	
Kurzvortrag = Stegreif-Vortrag		6	
Kurzzusammenfassung		60	
Laut, stimmlos, stimmhaft		210f	
Lebenslauf, tabellarisch		180f	
Lehrstellen		80	
Lesen		44–55	
Logo		106f	

		Werkbuch	Sachbuch
lokal, Adverbiale		148	
markieren, Markierungsschlüssel		56	
Meinung vertreten = sprachl. Mittel		31	
Mindmap		90–91	
Mitlaut = Konsonant		210	
mitnotieren		38–42	
modal, Adverbiale		148	246f
Modalverb		158	225
Modus	Aussageform des Verbs	196	224f, 234
nachgestellte Angabe, Komma		218	
nachschlagen		76–85, 220	
Nebensatz	Teilsatz	152	52f
Nomen	Wortart	160, 197	226f
Nominativ	Fall/Kasus; *Wer/Was?*	160, 197	177, 226–229
notieren = mitnotieren		38–42	
notieren, später		42	
Oberbegriff		63	
Objekte	Satzglieder, vom Verb verlangte	144–147	239–234
Partikel	Wortart	164, 192, 202	222, 229
Partizip	Verbform	158, 204–207	14, 182
Passiv	Verbform (Handlungsrichtung)	154	224f
Perfekt	Verbform (Tempus/Zeitform)	195	177, 235
Personalform	konjugiertes Verb	158, 193	232–245
Personalpronomen	Unterart der Pronomen	192, 199, 200	
Plural = Mehrzahl		160, 197	223f, 226–228
Plusquamperfekt	Verbform (Tempus/Zeitform)	195	
Positiv	Adjektiv vor Steigerung	198	
Possessivpronomen	Unterart der Pronomen	192, 199, 200	
Präposition	Unterart der Partikeln	164, 192, 202f	222, 229
Präpositionalgruppe	Satzglied	146, 148	239–243
Präpositionalobjekt	Satzglied	146	
Präsens	Verb (Tempus/Zeitform)	195	182, 215
Präteritum	Verb (Tempus/Zeitform)	195f	177, 235
präzise Ausdrücke		126	
Proben		136–141	
Pronomen	Wortart	162, 199–201	228
Protokoll		182f	
Punkt	Satzzeichen	217	
Quellen, weitere		84f	
quer lesen = überfliegen		52	
Randnotizen machen		58	
Recherchen, recherchieren		78–83	
Rechtschreibeduden		220	
Rechtschreibung, arbeiten an		166–174	
Rechtschreibung, Regeln		210–221	262–269
Referat		8–13	
Regelkreis		74	
regelmässige Verben		193, 207	
Regeln, Diskussion		28	
Relativpronomen	Unterart der Pronomen	192, 199–201	
Relativsatz	Nebensatz, Teilsatz	201	
Reportage		188–191	
Rhetorische Frage = Scheinfrage		10	
Sammlung		172–174	
Satz, bearbeiten im Text		118–121	
Satz, Sätze		118–121, 142–157	232–247
Satz, überprüfen		118–121	
Satz, Zusammenhänge		120f	
Satzakzent		5	
Satzendzeichen		217	

		Werkbuch	Sachbuch
Satzglied, Satzglieder		136–150	235–244
Satzzeichen		217–219	266–269
Säulendiagramm		70	
Scheinfrage = rhetorische Frage		10	
Schlussfolgerung		108–109	
Schreibberatung		134f	
Schreiben		86–135	
Schreiben vorbereiten		86	
Schreibproblem		132f	
Schwierigkeiten beim Schreiben		132f	
Selbstlaut = Vokal		210	
Silbentrennung		216	
Singular	Einzahl des Nomens/Pronomens	197	223f, 226f
S-Laute		211	
Slogan		106f	
Spalten schreiben		96f	
Spannung erzeugen		116f	
Spezialzeichen		219	
Sprachliche Mittel, Diskussion		31	
Sprechen und Hören		4–43	
Stegreif-Vortrag		6	
Stellvertreter		162, 200f	228
Stichwörter		58	
Stil, Stile		104–117	
Strichpunkt		218	
Subjekt	Satzglied im Nominativ	142, 144	239
Suchstrategien		82	
Superlativ	Adjektiv, gesteigertes	198	
Symbole, als Randnotizen		58	
Synonym		122	
Tabelle		68	
Techniken		166–177	
Teilsatz		152	
telefonisch Kontakt aufnehmen		16	
temporal, Adverbiale		148	
Texte visualisieren		64–75	
Thema		98	
Titel		98f	
trennbare Verben		193	
überarbeiten, Texte:			
Inhaltlicher Aufbau		100–101	
Sätze		118–121	
Wörter		122–129	
Überfliegen		52	
übrige verbale Teile		142f	
Umfrage		24	
Umlaut		210	
unregelmässige Verben		193, 204–207	182, 205, 225
untrennbare Verben		193	
Verb, Verben	Wortart	158, 193–196	222–225
verbale Teile		142	232, 236–241
verbale Wortkette		144	
Verbzusatz		158	
Verknüpfungsmittel		120, 203	225, 236
Verschiebeprobe		140	237f
visualisieren, Visualisierung		64–75	
Vokal = Selbstlaut		210	
Vokal, kurz/lang		211	
Vokalregel		216	
vorbereiten, Schreiben		86–97	
Vorlesen, gestaltendes		4	

		Werkbuch	Sachbuch
Vorstellungsgespräch = Bewerbung			18
Vortrag = Stegreif oder Referat		4–13	
vortragen		4–13	
Wandzeitung		184–187	
Weglassprobe		140	238
W-Fragen stellen		61, 188	
Wiedergeben ohne Notieren		43	
Wortarten		192–203	
Wörter finden		122–125	
Wörter, auswählen		124–129	
Wortfamilie		166	
Wortgruppe		214	
Wortigel		60f	
Wortverbindungen		128	
Zeichen, Abkürzungen im Duden		220	
Zeichensetzung		217–219	
Zeilen schreiben		94–95	
Zeitformen (Verb)		194	154, 177
Zeitgerade		66	
Zettelverfahren		92f	
zuhören		38–43	
zusammenfassen, Texte		60–63	
Zusammenhänge		120f	
zusammengesetzte Wörter		216	113, 217, 220f
zusammengesetzter Satz		152	232, 244–247
zusammengesetztes Nomen	Nomen aus mehreren Wörtern	197	220f
zusammengesetztes Verb		193	
Zusammenschreibung		214f	244
Zusammensetzung		214	
Zwielaut = Diphtong		210	

Quellenverzeichnis

o: oben m: Mitte u: unten
l: links r: rechts h: Hintergrund

Textquellen

5m	Franz Hohler, in: Das Einhorn sagt zum Zweihorn, © Franz Hohler, Zürich
49m	in: NZZ am Sonntag vom 9.6.2002, © NZZ am Sonntag, Zürich
51m	Hans Peter Roth, in: Brückenbauer vom 30.7.2002
59o, 69o	Alfred Wyler, in: Dialekt und Hochsprache in der deutschsprachigen Schweiz, © Pro Helvetia
61o	© AP Meldung vom 31.12.1999
63o	in: Merkwürdigkeiten aus dem Kanton Zürich, ZKB
65o	www.berufskunde.ch
77m	in: WAHRIG – Deutsches Wörterbuch, © Wissen Media GmbH, Gütersloh
77u, 129u, 167m, 221	in: Duden – Die deutsche Rechtschreibung, 24., völlig neu bearbeitete und erweiterte Auflage, herausgegeben von der Dudenredaktion, © Bibliographisches Institut & F.A. Brockhaus AG, Mannheim 2006
194, 200, 201	Walter Flückiger, Max Huwyler, in: Welt der Wörter 2, Sprachbuch, © Lehrmittelverlag des Kantons Zürich 2001

Ideenquellen

45	Regula Schräder-Naef, in: Rationeller lernen. Ratschläge und Übungen für alle Wissbegierigen, Beltz Verlag, Weinheim und Basel, Programm Beltz & Gelberg, Weinheim
195, 202	Walter Flückiger, Max Huwyler, in: Welt der Wörter 2, Sprachbuch, © Lehrmittelverlag des Kantons Zürich 2001

Bildquellen

11ml, 47or, 47mr, 47ur	Berger, Holler, Jatzek, Martin, Mauz, Unger, in: Von Gutenberg zum World Wide Web, © Dachs Verlag, Wien, 3. Auflage 2002
11ml, 11mm, 11mr, 11mro	Hans Eggenberger, in: Aus der Bibel, überliefert und gelebt, © Evangelisch-reformierte Landeskirche, Zürich
47ol, 47ml, 47ul	Frank Littek, in: So entsteht ein Buch, © by Arena Verlag GmbH, Würzburg
55or	in: Tages-Anzeiger vom 13.2.2001, © Tamedia AG, Zürich
55mr	Infografik / STERN / PicturePress
171u	Robert Kleinschroth, in: Sprachenlernen. Der Schlüssel zur richtigen Technik, © 1992 by Rowohlt Taschenbuch Verlag GmbH, Reinbek bei Hamburg

Nicht in allen Fällen war es dem Verlag möglich, den Rechteinhaber ausfindig zu machen. Berechtigte Ansprüche werden im Rahmen der üblichen Vereinbarungen abgegolten.